高等学校校企合作模式与人才培养研究

薛　川　著

中国原子能出版社

图书在版编目(CIP)数据

高等学校校企合作模式与人才培养研究 / 薛川著 .—北京:中国原子能出版社,2020.7(2021.9 重印)

ISBN 978-7-5221-0740-0

Ⅰ.①高… Ⅱ.①薛… Ⅲ.①高等教育—产学合作—人才培养—研究—中国 Ⅳ.①G649.2

中国版本图书馆 CIP 数据核字(2020)第 141474 号

高等学校校企合作模式与人才培养研究

出版发行 中国原子能出版社(北京市海淀区阜成路 43 号 100048)

责任编辑 胡晓彤

装帧设计 刘慧敏

责任校对 刘慧敏

责任印刷 肖会娟

印　　刷 三河市明华印务有限公司

经　　销 全国新华书店

开　　本 787 mm×1092 mm 1/16

印　　张 12.75

字　　数 220 千字

版　　次 2020 年 7 月第 1 版 2021 年 9 月第 2 次印刷

书　　号 ISBN 978-7-5221-0740-0 **定　价** 68.00 元

网址:http://www.aep.com.cn E-mail:atomep123@126.com

发行电话:010-68452845

前 言 PREFACE

随着社会经济的发展，为推进大众创业、万众创新等战略，迫切需要优化人才培养结构，加快培养各类紧缺人才。大学生作为素质较高的一类人群，是国家建设的重要力量，研究我国校企合作模式与人才培养，有助于推动高等院校完善校企合作体系，促进高等院校教育体制机制的改革，从而提升大学生自身的创业就业能力，进而推动我国迈入人力资源强国和人才强国行列。由于受到各种因素的影响，我国大学生校企合作模式培育的现状并不乐观，存在缺乏制度保障、企业积极性不高、学校办学条件对企业缺乏吸引力等问题。针对这些问题，本书具体探讨校企合作模式与构建人才培养模式的原因及策略。

本书立足于校企合作与人才培养的实践，以培养人才为研究主线，从校企合作的理论基础内容出发，通过结合具体的校企合作具体实践应用实例，系统地对校企合作与大学生的教育与就业、校企文化融合下的大学生教育外部性分析、校企合作的组织与运行、校企合作类型以及相互选择等方面的内容进行研究与讨论，并着重对政府、行业、企业和学校在校企合作中的地位与作用进行细致梳理与分析，以期通过本书的介绍，能够为读者在校企合作培养高端应用型人才模式方面的研究提供参考与借鉴。

本书由薛川（义乌工商职业技术学院）著。在写作过程中，笔者参考了部分相关资料，获益良多。在此，谨向相关学者师友表示衷心感谢。

由于水平所限，有关问题的研究还有待进一步深化、细化，书中不足之处在所难免，欢迎广大读者批评指正。

著 者

2020 年 7 月

目 录 CONTENTS

第一章　校企合作的理论基础

第一节　高职校企合作背景

一、校企合作意义

校企合作是职业院校与企业在各自不同利益诉求的基础上，寻求利益交集共同发展的一种组织形式。具体来说，校企合作就是指职业院校与产业界在人才培养、科学研究和技术服务等领域开展的各种合作活动。它是利用学校与企业的教育环境和资源，以培养学生的综合素质为目标，采取课堂教学与生产实践相结合的方式，培养适应生产、建设、管理、服务第一线所需要的高端技能人才的一种教育模式。校企合作教育是一种“双赢”模式，主要体现在以下五个方面。

（一）推进高职院校软硬件的建设

我国对高职教育的投资主要依赖地方政府，经费欠缺是其发展的瓶颈。而经费不足的不良影响是全方位的，最严重的是导致部分职业院校扩招后在校园建设、教学场地、实训设备和师资力量等方面的严重缺陷，进而影响高职院校的教学质量和人才培养水平。校企合作可以有效地利用企事业单位的现有资源，整合校企双方有限的教育资源，有效地解决职业院校投入不足的难题，从而促进职业院校健康可持续地发展。

（二）推进高职院校人才培养模式改革

校企深度融合，行业企业参与高职教育人才培养的全过程，共同与高职院校研究制定专业标准以及课程标准，对人才培养方案和人才培养目标、教学计划等把握到位，贴近行业产业的发展水平和职业岗位的需求，从而推进高职院校人才培养模式的改革，逐步实现高职教育人才培养的标准化和规范化，达到提升学生的专业水平和就业质量的目的。

(三)打造“双师”素质师资队伍

高素质的师资队伍是提高高职院校教学质量和人才培养水平的关键要素。通过校企合作,职业院校的教师可以定期以脱产或半脱产形式到企事业单位进行跟岗实践锻炼,很好地弥补岗位能力和实操能力不足的缺陷;同时,企事业单位的专业技术人员和高级管理人员经过适当的岗位培训后也可以到高职院校进行兼职教学,从而解决实操教学师资不足的问题。因此,与企业的深度融合能够为职业院校培养一支具有高素养和高技能的“双师”素质师资队伍,从而优化师资结构,提高师资水平。

(四)有效提升学生的综合素质

校企合作对学生的职业发展具有多方面的益处:一是有效地提高学生的实际工作能力,提升学生的综合素质,快速实现由学生向员工的角色转换;二是通过岗位工作实践,可以增强学生的自我判断力,提升学生的情商,从而帮助学生及早明确职业定位和岗位方向;三是可为学生提供工作机会,增强学生对社会的感知和体验,帮助学生积累真实的岗位工作经验,使学生更容易被用人单位录用,从而达到提高学生就业率的目的。

(五)提高企业效益和社会声誉

校企合作不但可以促进企业率先在内部进行改革转型,承担起更大的社会责任,还可以为企业提供人才支撑与技术支持,提高企业效益和社会声誉。一方面,职业院校对口专业教师可以为企事业单位开展员工培训、信息咨询、技术开发、产品设计、项目策划等,带动企事业单位积极改革创新,增强企业科技实力;另一方面,职业院校学生可以直接进入企业进行顶岗实习实训,能够为企事业单位提供季节性、调剂性的高素质劳动者,减少企业的用工成本,增强企业生产调剂的能力,达到增效增收的目的。

二、校企合作现状

总的来说,目前高职院校中有行业办学和非行业办学两类。行业所办的职业院校属于企业内部的一个机构,其办学经费、师资、教学场地、行政管理均由企业负责，其开设的专业、课程、教学计划均服从企业的需要。非企业办学占了高职院校的绝大部分，尽管这些院校与企业也有着天然的关系，但在其办学过程中与企业仍未能建立起一种真正的合作办学关系，使得高职院校的发展产生了局限性。目前，大多数校企合作表现为以下三种形式。

(一)学校在企业建立所谓的学生实习实训基地

由于院校没有校办企业可提供给学生实现专业技能的训练和实习，必须在校外建立供学生进行专业实习实训的教学基地，这样的办学基地可拓展院校的办学空间，还可结合生产实际和专业内容给学生提供一个较理想的专业实习及岗前培训环境。但由于企业有自身的运作特点，不可能完全按照院校的教学要求给实习的学生提供系统的专业训练，故学校在企业建立所谓的学生实习实训基地尚不能完全达到预期的实习目的。

(二)企业接收高职院校学生实习以补充劳动力不足

企业根据自身的生产用工需要，接收院校对口专业学生实习实训以补充企业的劳动力，安排给学生的是简单操作岗位，不能满足学校综合实训的要求。同时，尽管学生在校所学专业与企业的要求对口，但有的企业仍然认为学生所学的知识及所掌握的技能未能达到企业岗位的要求，有些企业甚至还要对学生进行再培训后才能勉强接纳。

(三)企业成为院校形式上的合作单位

自教育部启动评估以及创建工作以来，高职院校为了评估以及创建的需要，通过政府管理部门或利用各种社会关系，积极寻求企业的帮助和合作，依靠企业高级管理人员和工程技术人员成立专业建设指导委员会，进行挂牌合作，但没有实质性的交流和活动，更没有深入的专业建设和工学互动，很多企业因此成为高职院校“形式上”和“名义上”的合作单位，校企合作流于形式。

所以，“校企合作”还存在许多不尽如人意的地方，合作的形式虽然多样，但这些合作绝大部分停留在一种低层次浅表层合作，还处在基本形式阶段，离高层次深度融合还相差甚远，根本没有进入高职院校办学的核心层次，更谈不上利益、效益和社会影响的“多赢”作用。

第二节　校企合作理论基础

一、职业教育的内涵及基本属性

职业教育可以说是随着资本主义大工业生产方式的产生、发展而产生、发展起来的一种教育活动。在此之前，职业教育的萌芽是以师徒制为特征的职业技巧传授模式，在尚未出现专门职业学校前，几乎都是学徒教育模式。此后，随着生产方式的发展变化，以传授某种职业或生产劳动知识和技能的教育形式也随之发生了变化，其称谓有“职业技术教育”“技术职业教育”“技术教育”等。

(一)职业教育的内涵特征

就我国而论，根据教育内容、层次和年龄三重标准，将教育划分为基础教育、高等教育、职业教育、成人教育四大类。使职业教育与其他类别教育出现交叉或重叠，原因在于职业教育的内涵不清。

1. 职业教育与技术教育的异同

二者传授的内容都是以专门技术为基础，目的是让受教育者形成一定的职业技能技巧。技术泛指根据生产实践经验和自然科学原理而发展成的各种工艺操作方法与技能。现代大工业生产的技术来自两个方面：一是生产实践；二是自然科学原理。来自生产实践的称为经验技术，来自自然科学原理的称为理论技术。掌握经验技术的教育称为职业教育，掌握理论技术的教育称为技术教育。在培养对象上，前者是为技术工人做准备的，部分课程是专门职业理论和实践；后者是为技术人员做准备的，大多在中学后进行。

2. 职业教育与职业技术教育的异同

“职业技术教育”在苏联专指为国民经济各部门培养技术工人的教育。在我国是指“宽口径”的职业技术教育。

3. 主要特征

第一，职业的非专门性。职业教育中的职业，是指非专门职业、一般职业，而不是专门职业。明确这一点非常重要，否则容易使职业教育内涵模糊不清，混淆职业教育与其他类型教育的界限，从而消除职业教育的本质属性，将职业教育发展引向歧途。目前，由于人们对职业类型缺乏清楚的认识，认为所有类型教育的受教育者最终都要就业，因此，从这种意义上说，所有类型的教育都可称之为职业教育。

（二）职业教育的基本属性

1. 职业教育的本质属性

本质一般包括四个方面的内容：事物的本质是该事物必然具有也必须具有的最一般、最普遍、最稳定的共同属性；事物的本质是该类事物内部所固有的特殊矛盾决定的，是该事物不同于其他一切事物的特有属性；事物的本质又是规定和影响事物各种非本质属性的存在和发展的根本属性；事物的本质是表现事物内部深处发生的过程，反映事物内部各要素间的内在联系的属性。

2. 职业教育的特殊本质属性

因为事物的本质是该事物不同于其他一切事物的特有属性，而该属性是该类事物内部所固有的特殊矛盾所决定的。所以，我们可以从“类”事物的“特殊矛盾”着手来考察职业教育的特殊属性。任何一个复杂的事物，都是一个由多个矛盾构成的统一体，其中有主要矛盾和次要矛盾，有根本矛盾和非根本矛盾。事物内部的这些矛盾，又都是该事物区别于其他事物的特殊矛盾，是事物自身所特有的属性。

3. 职业教育活动的特殊矛盾

由于事物的本质是由事物的根本矛盾所决定的，而且事物这种根本矛盾是贯穿事物运动过程始终的，并在事物的发展过程中起决定和支配作用，它的存在和发展规定和影响着其他矛盾的存在和发展。因此，我们可以从分析职业教育活动内部所具有的根本矛盾入手来揭示出职业教育的本质属性。

4. 职业教育中人的作用

事物的本质是表现事物内部深处所发生的过程，是把事物各组成要素联系起来，统一起来使之成为有机统一体的内在原因和根据。因此，我们可以从职业教育的各组成要素之间的内在联系入手，通过分析其成为一个有机统一体的内在根源，来把握职业教育的本质属性。

通过以上四个方面的分析，职业教育是指职业教育者按照一定社会的要求和教育规律，为引导学生掌握在某一特定的职业或行业中从业所需的实际技能、知识和认识，通过一定的职业教育方式对有关资源进行有效利用，达到为促进社会生产方式发展和人类自身再生产的一种实践活动。

（三）职业教育本质属性在不同社会生产方式中的表现形式

职业教育的一般本质属性是“根据一定社会要求和人身心发展规律，通过职业培训机构对有关社会资源进行有效利用，从而为社会生产方式和人类自身再生产服务”。这种本质属性表现在三个层面：一是职业教育是按照一定社会的要求和教育规律所进行的活动；二是职业教育是通过一定的教育机构对社会相关资源进行利用的活动；三是职业教育是一种为社会生产方式和人类自身再生产服务的一种活动。比如，资本主义生产方式的职业教育与一般职业教育的不同，主要反映在资本主义社会职业教育的要求不同以及由此而产生的职业教育的目的不同上；同理，社会主义生产方式的职业教育与一般职业教育的不同，主要反映在社会主义社会职业教育的要求不同以及由此而产生的职业教育的目的不同上。这是因为，一切教育包括职业教育都是按照一定社会的目的要求为一定社会服务的。有什么性质的社会，就有什么性质的职业教育。这就是说，职业教育作为一种社会现象，其性质是由社会性质来决定的，而社会的性质则是由社会关系所决定的，所以职业教育的性质实际上是由社会关系所决定的。

我们认为职业教育是在普通教育的基础上，通过职业学校和职业培训机构，对劳动者进行的从事非专门性的职业知识、技能和态度的培训，以使他们现在或将来能顺利获得职业的活动。其特点是职业的非专门性、导向的就业性、内涵的相对性和外延的包容性、过程的终身性。职业教育的本质属性是职业教育者按照一定社会的要求和教育规律，为引导学生掌握在某一特定的职业或行业中从业所需的实际技能、知识和认识，通过一定的职业教育方式对有关资源进行有效利用，达到为促进社会生产方式发展和人类自身再生产的一种实践活动。

二、教育与生产劳动相结合理论

校企合作，精神实质是产学结合，归根到底应该是教育与生产劳动的结合。

教育和生产劳动分别属于人类两个活动领域，而将这两个活动领域联系在一起，即教育和生产劳动相结合，则是近代以后的事情。所谓教育和生产劳动相结合，是指人类社会发展到一定阶段，两者相互关系的一种状态。在现代社会，这种状态表现为：教育过程和生产劳动过程，这两个相互独立的社会过程在形式上是分离的，同时，又是内在地、密不可分地联系在一起的。它是人类社会发展到现代社会必然出现的一种客观的社会状态，也是一种不以人的意志为转移的社会状态。

对于教育与生产劳动相结合始终是教育理论界讨论的重大问题。虽有分歧，但以下几点是共识。

第一，教育与生产劳动相结合是大工业生产的需求，是客观的、必然的，有其不以人的意志为转移的规律，任何脱离其客观基础的、主观的、人为的决策和强行实施必然导致负效应。

第二，教育与生产劳动相结合作为生产发展的必须，不是我们社会主义国家所独有的，凡以现代工业大生产为基础的社会与国家都必然存在这一事实。

第三，教育与生产劳动相结合的目的不仅仅是思想政治教育，还包括文化科学知识的教育。传授知识和技能、进行综合技术的训练在现代社会中同样具有至关重要的意义，是教育与生产劳动相结合的重要内容。

第四，教育与生产劳动相结合的途径不单纯是勤工俭学，形式也不单单是马克思所说的根据工厂法所办起来的初等教育以及工艺学校、农业学校、职工学校和技术学校。在现代社会中，教育与生产劳动相结合可以根据不同情况采取不同的形式加以贯彻。

三、建构主义理论

近年，职业教育的校企结合、产学合作取得了长足的进展。校企合作之所以能卓有成效地发展，有着深层次的学习理论的背景依据。

在现代教育的理论体系中，学习理论是处于核心地位的。纵观学习理论的发展，经历了行为主义、认知主义、客观主义，并在近十多年来发展了现代的学习理论——建构主义。

（一）建构主义概述

建构主义理论的内容很丰富，但其核心只用一句话就可以概括：以学生为中心，强调学生对知识的主动探索、主动发现和对所学知识意义的主动建构（而不是像传统教学那样，只是把知识从教师头脑中传送到学生的笔记本上）。以学生为中心，强调的是“学”；以教师为中心，强调的是“教”。这正是两种教育思想、教学观念最根本的分歧点，由此而发展出两种对立的学习理论、教学理论和教学设计理论。由于建构主义所要求的学习环境得到了当代最新信息技术成果的强有力支持，这就使建构主义理论日益与广大教师的教学实践普遍地结合起来，从而成为国内外学校深化教学改革的指导思想。

（二）建构主义学习理论的基本内容

1. 关于学习的含义

建构主义认为，知识不是通过教师传授得到，而是学习者在一定的情境即社会文化背景下，借助其他人（包括教师和学习伙伴）的帮助，利用必要的学习资料，通过意义建构的方式而获得。由于学习是在一定的情境即社会文化背景下，借助其他人的帮助即通过人际间的协作活动而实现的意义建构过程，因此，建构主义学习理论认为“情境”“协作”“会话”和“意义建构”是学习环境中的四大要素或四大属性。学习的质量是学习者建构意义能力的函数，而不是学习者重现教师思维过程能力的函数。换句话说，获得知识的多少取决于学习者根据自身经验去建构有关知识的意义的能力，而不取决于学习者记忆和背诵教师讲授内容的能力。

2. 关于学习的方法

建构主义提倡在教师指导下的、以学习者为中心的学习。也就是说，既强调学习者的认知主体作用，又不忽视教师的指导作用。教师是意义建构的帮助者、促进者，而不是知识的传授者与灌输者。学生是信息加工的主体，是意义的主动建构者，而不是外部刺激的被动接受者和被灌输的对象。学生要成为意义的主动建构者，就要求学生在学习过程中从以下几个方面发挥主体作用。

第一，要用探索法、发现法去建构知识的意义。

第二，在建构意义过程中要求学生主动去搜集并分析有关的信息和资料，对所学习的问题要提出各种假设并努力加以验证。

第三，要把当前学习内容所反映的事物尽量和自己已经知道的事物相联系，并对这种联系加以认真的思考。“联系”与“思考”是意义构建的关键。如果能把联系与思考的过程与协作学习中的协商过程（即交流、讨论的过程）结合起来，则学生建构意义的效率会更高、质量会更好。协商有“自我协商”与“相互协商”（也叫“内部协商”与“社会协商”)两种。自我协商是指自己和自己争辩什么是正确的,相互协商则指学习小组内部相互之间的讨论与辩论。

教师要成为学生建构意义的帮助者,就要求教师在教学过程中从以下几方面发挥指导作用。

第一,激发学生的学习兴趣,帮助学生形成学习动机。

第二,通过创设符合教学内容要求的情境和提示新旧知识之间联系的线索,帮助学生建构当前所学知识的意义。

第三,为了使意义建构更有效,教师应在可能的条件下组织协作学习(开展讨论与交流),并对协作学习过程进行引导使之朝有利于意义建构的方向发展。引导的方法包括提出适当的问题以引起学生的思考和讨论;在讨论中设法把问题一步步引向深入,以加深学生对所学内容的理解;要启发诱导学生自己去发现规律、自己去纠正和补充错误的或片面的认识。

第三节　高职校企合作理论探讨

一、高职校企合作模式、内容及其特征

校企合作办学是高等职业教育的基本属性,是培养有素质、高技能应用型人才的必由之路。校企合作的成功与否关系到高等职业教育能否办出特色、办出风格、办出质量,从某种意义上说,也是高等职业教育成败兴衰的决定性因素。近年来,各级各类高职院校不断丰富和探索校企合作的模式,校企合作的形式越来越多,内容越来越深,形成了长效机制和多元格局,从而把学校和企业关系提升到战略关系,深入合作,共同发展,创造了校企共赢的社会效益。

(一)高职校企合作主要模式

从校企合作中学校和企业参与的方式与程度看,大致可以划分为以下三种类型。

1. 企业配合型

企业配合型就是以高职院校为主,企业处于辅助配合地位的类型。具体来说,就是高职院校提出和制定人才培养目标和教学计划,并承担大部分人才培养

任务，企业只是根据学校提出的要求，提供相应的实训条件或协助完成实践教学任务。主要表现为高职院校成立专业指导委员会，聘请企业相关人员参与，教师到企业做市场调查，学生到企业进行实习。由于学校和企业各为独立的法人实体，彼此没有共同的经济利益，各自经营目标独立，企业没有为学校培养人才的义务和责任，这种浅表层面的合作容易出现“校热企冷”的问题。

2. 校企联合培养型

校企联合培养型就是指高职院校和企业联手共同培养人才。简言之，就是校企双方共同制定人才培养目标、教学计划和人才培养方案以及共建校内外实训基地，并且按岗位群的分类，确定专业能力结构和非专业能力素质的群体要求，根据企业的需要进行人才培养。学校为企业提供技术咨询和指导、开发项目以及承担企业员工培训工作，为企业实施“订单式”教育，学生毕业定点实习、定点就业。企业则实施与产业部门结合的那部分培养任务等。

3. 校企实体合作型

高职院校和企业结成利益共同体与同盟，经营目标一致，企业不再以被动的角色参与校企合作，而是以主人身份主动参与高职院校人才培养和办学全过程，如以注入资金、提供设施等方式入股份等，对高职院校承担决策、计划、组织和协调等管理职能。学校针对企业的发展需要设定科研攻关方向，并将研究成果转化为工艺技能、物化产品和经营决策，提高企业的经济效益。这种校企互相渗透、互惠互利的联动机制校企合作办学，谓之校企实体合作类型。

（二）高职校企合作主要内容

高职校企合作办学合作内容涉及高职院校培养技能人才全过程的专业建设、课程建设、师资队伍、实践教学、教学管理、招生就业以及文化建设七个方面。

1. 专业建设

校企合作中的专业建设内容：一是成立专业建设委员会，专业建设委员会由学校负责组建，聘请行业企业的相关专家、高工和高管参加，人数不少于50%。专业建设委员会负责制定专业建设委员会章程，提出专业建设规划，拟定专业人才培养方案。二是建立校企共建重点专业和新专业建设决策机制，即校企双方主要负责人和相关专业骨干组成决策班子，确定重点专业和新专业的设置，并定期组织相关研究活动；三是建立由企业主导的专业建设协调机制，即由企业负责人针对新兴产业和主导主干产业确定新专业的设置，学校积极参与，对企业确定的新专业组织好申报、招生和教学实施工作。

2. 课程建设

校企合作的课程建设内容，一是校企共同制订教学计划，然后高职院校根据专业设置和人才培养目标以及企业的岗位人才需求规格等来编制教学计划、教学大纲和课程实施方案，做好教材选用工作，确定实习实践环节；二是校企双方共同确定课程体系，共同制订教学计划和教学大纲，双方有关人员共同编写符合企业需求的教材，制定实习实操实施方案，并由专业建设委员会进行课程标准的评审；三是由企业主导课程的开发，确定典型项目教学、工作任务案例、教学计划和教学大纲，并组织编写教材和实习教程，高职院校实施教学和人才培养。

3. 实训教学

实训教学是校企合作办学的核心内容，体现在三个方面：一是高职院校自身建立校内实训基地甚至生产性实训基地，配备设备设施，按照教学计划、教学大纲和人才培养目标组织实施实训教学；二是校企共建实训基地或生产性实训基地，基地的相关设施设备由校企双方共同负责；或开展产教结合实训，即由企业为高职院校提供相关产品，供学生进行产教结合实训，学生通过完成产品的部分工序达到实训的目的；三是深度融合实训教学，包括企业建立生产性实训基地（或实训基地），主要设备设施由企业提供；或高职院校在厂区建立教学区，学校将一个或几个专业的教学放到企业去办（即“厂中校”）；或学校将实训基地建在当地工业园或企业内（即“园中校”“厂中校”），做到人才培养和人才使用的无缝对接。

4. 师资队伍

校企合作办学的师资建设内容有三点。一是校企共同组建师资队伍，学校聘请行业企业优秀高技能人才、专业技术人员、高级管理人员和专家担任生产实操指导教师和核心课程教学指导教师，在国家政策允许的范围内向企业有关兼职人员和实习指导老师支付一定的报酬；或高职院校依托和凭借合作企业培养培训师资，定期派遣教师到企业进修实训并形成制度，有效提升教师的实践技能水平；二是企业专家为高职院校教师举办新技术、新工艺、新设备、新材料等内容的学习培训；或企业安排研发创新人才对高职院校教师采用“师徒制”或“导师制”进行传帮带；或高职院校教师参与企业的技术攻关、技术设备更新改造和技术成果应用，企业把某一技术课题委托给高职院校进行技术攻关和技术改造等来提高教师技术研发和创新水平；三是企业相关人员到高职院校实行阶段性全脱产教学和科学研究，或高职教师对企业高级技术人员和高技能人才进行提升培训，相互融通。

5. 教学管理

校企合作下的教学管理在于注重行动导向，注重职业能力。一是改革学生学业考核评价办法，完善“知识＋技能”的考核评价体系，校企双方通过面试、笔试和实操等形式对学生的专业知识和专业技能进行考核，使学生取得相关专业职业资格证书和毕业证书；二是改革教学模式，让学生积极主动参与到学习过程之中，满足学生求知和就业的需求；三是改进教师教学质量评价的方式方法，企业参与教学过程和教学质量的全程监控。

6. 合作就业

合作就业环节是校企合作的目标，既是高职院校人才培养的基本要求，也是企业渴望的重要内容，更是校企合作双赢的核心。主要形式有订单培养、岗前培训、继续教育。

7. 文化建设

让校园文化和企业文化相互交融、相互补充，能促进高职学生的综合素质的提升。一是企业文化进课堂。学校开设企业文化课程，聘请企业管理人员授课；二是德育基地进企业。在企业开设专项德育实训基地，零距离吸纳企业文化，让学生身临其境；三是企业文化进实训。还原企业真实的工作环境，严格按照企业岗位有关要求进行操作；四是企业制度进校园。学校把企业管理有关条例适当渗透进学生管理当中，让企业制度和大学制度有机结合，使学生及早感受到企业的约束，做到日常行为职业化。

（三）高职校企合作主要特征

校企合作办学内容和形式的实现必须根据当地区域经济发展和学校自身办学水平提升的需要，在原有发展基础上，围绕高等职业教育人才培养的目标、功能和定位，充分利用区域优势，主动与地方经济社会接轨，形成“政校企行”四方联动机制，打造“基地、教学、科研、招生、就业”融通的办学模式，促进学校内涵和质量的跨越式发展。

校企合作办学的基本特征充分体现在五个方面：一是校企合作办学以系统科学理论为依据，基地、教学、科研（技术开发与成果转化）、招生与就业相互联系、相互影响、相互促进，它们密不可分，构成了系统化地培养高素质、高技能人才的科学实践体系；二是校企合作办学是以经济社会需求为动力，体现实践性、职业性、开放性的高职办学理念，面向地方经济社会发展设置专业，人才知识与能力结构符合社会需求，教学科研体现改革思路；三是校企合作办学是以紧密型、融合型基地建设为重点，抓住校企合作的关键，突破传统基地的学生实操单一功能，着重建设具有多功能、多层次的紧密型、融合型基地，把紧密型、融合型基地作为实施一体化办学模式的重要基础；四是校企合作办学是以拓展多元利益为驱动，在校企合作中拓展多元利益，从思想感情和文化成分上，加强学校与企业的糅合，达到互惠互利、文化融通、互相促进、共同发展，保持长期稳固的合作关系；五是校企合作办学是以提升学生综合素质为目的，合作涉及双方感兴趣的所有方面，形式不拘一格，灵活多样，为学生提供全面的教育服务，为学生获得企业需要的职业能力和综合素质提供理想途径。

二、高职社会服务功能的实现、创新与拓展

目前，实现、增强和拓展社会服务功能、参与经济社会发展是高职院校的重要历史使命，如何履行这一重大的历史使命，需要我们不断实践和探索。我们深信，各高职院校将继续探索出富有各自特色的社会服务模式，高职院校整体的社会服务能力、辐射能力将会不断增强，高职院校的社会知名度将会与日俱增。

（一）问题的提出

大学作为独立运行的组织，教学、研究和社会服务，是公认的现代大学三大职能。这是大学在不同的时期不断地接纳社会赋予它的新职责，不断满足社会发展需求变化的结果。与社会的联系越来越广泛，使得现代大学开始超越象牙塔，走向社会的中心，成为整个社会中最具活力、最能代表时代前进方向的机构，并被人们誉为“服务站”。

高职院校作为一种类型的高等教育机构，同样担负着多种多样的社会服务职能，开展有高职院校特色的社会服务是国家实施科教兴国战略和人才强国战略的客观要求。高职院校与普通高校相比，它以直接为社会经济发展服务、为产业行

业培养各类劳动力作为办学宗旨，与普通教育相比，其社会服务的职能更为突出、意义更为重要。高职院校开展社会服务，是区域经济社会发展的客观要求，也是学校自身生存发展的需要。

当前，增强社会服务功能、参与经济社会发展是高等教育的重要历史使命，如何履行这一重大的历史使命，需要我们不断实践和探索。高职院校社会服务功能的实现和拓展，需要以学校的理念创新、内涵建设和资源整合等作为基础条件，在办学实力和人才培养质量提升的过程中，不断通过路径选择和模式创新，为社会发展提供多种形式的服务活动。下面就这方面进行有益的探索。

（二）高职社会服务的内涵

没有教学，大学就不能成其为大学；没有科研，大学就不是高水平的大学；而没有社会服务，大学就不是现代大学。大学作为组织，要与外界的环境进行作用，资源进行重新整合和配置。环境对于组织，是其适应环境和改变环境的一系列过程的结果。组织如何理解自己所处的环境，如何参与自己的环境，如何从环境中选择和加工信息，决定着组织所获得的资源以及组织对环境的作用。服务社会是高职院校适应和影响外部环境的作用过程，文化引领则是其对环境的作用结果。

高职院校的社会服务功能的实现，需要依靠高职院校自身的理念创新、内涵提升和资源整合等作为基础条件，增强实力以获得行业企业的支持，为自身的发展获得好处的同时也提供给企业有价值的、稀缺的人力、物质资源，拓展互利共赢的发展空间，增强各自的核心竞争力。现代经济社会的快速发展要求劳动者素质和能力随着核心科学技术的应用和普及相应地提高，职业教育的社会服务职能是要在教学和科研中具有前瞻性和先进性，不仅要承担起为“用明天的技术，培养今天的人才，为未来服务”的重任，还要研究新技术、开发新课程、传播新技能，为社会、为企业提供广泛、及时、实用、超前的服务。这种广义的服务理念以经得起产业结构和市场调整的考验为检验标准，这样才能保持与社会、企业建立融洽、共赢的关系，也才能够在服务社会和企业的同时发展自己，为自身的发展提供更广阔的空间。

高职院校作为应用型高校，社会服务的特征与高职教育的特征密不可分，具有鲜明的区域性和行业性特征。主要任务是向区域和行业提供技术应用型和高技能型的人才培训与培养，提供技术创新、推广和服务，实施先进文化的传播和辐射，使学校成为区域的技术技能培训中心、新技术的研发推广中心、区域学习型社会中心。具体包括：就业转岗培训、技术研发推广与服务、文化教育传播与辐射、提供社区需要的部分物质和精神产品等。

（三）实现和拓展社会服务功能必须处理好几种关系

1. 正确处理教学、科研和社会服务的关系

有的学者把科研、教学和社会服务作为高等教育的三大功能，自有其合理的成分，但正如另外一些学者指出的那样，将科研、教学和社会服务三者并列，有两个方面的不足：一是将科研、教学和社会服务人为地割裂开来；二是有把科研和教学排斥在社会服务之外的嫌疑。以至于现在的一些大学过于注重科研，把作为人才培养的教学放到了无足轻重的位置，这显然是与高等教育的根本任务相违背的。事实上，一方面，科研、教学和社会服务是统一的，通过科研，发展科技，促进生产力发展是一种社会服务的形式，通过教学培养品德高尚、素质全面、具有独立思考能力和批判能力的人才，也可以促进生产力的发展，净化社会风气，推动社会进步。新中国成立以来我国取得的科研成绩和社会进步，与高等教育培养的大量人才的努力是分不开的；另一方面，我们也要深刻牢记，高等院校在追求科研业绩和社会服务项目数量和质量的时候，始终要把人才培养放在重要位置，要充分挖掘科研项目和社会服务项目中的育人功能，尽量避免与教学冲突。

当前，高等教育提倡发挥高校的社会服务功能，不仅是要求高校在科研和教学之外，去寻找社会服务项目、拓展社会服务的途径、发挥知识即时应用价值，更不是以社会服务项目来代替原来的教学和科研，而是指把社会服务的理念渗透于教学科研之中，发挥高校的教学和科研的社会服务功能。高等教育机构是社会的重要组成部分，从功能论的视角观察，高等教育机构之所以在当今社会起着越来越重要的作用，与知识经济时代对科技的依赖有着直接的关联。而高校在进行科学研究和科研人才培养方面有着其他社会机构无法比拟的优势。高校的教学和科研是其进行社会服务的前提和基础，是其社会服务得以不断开展的源泉。所以，注重高等教育的社会服务功能，但不能因此而忽视高等教育应该承担的教学和科研责任，因为教学与科研本身就是高等教育社会服务的重要形式，也是其他社会服务项目得以展开的基础。

2. 正确处理为谁服务和怎样服务

高校参与社会服务的方式很多，为企业等相关组织提供咨询、技术服务、培训

等，只是高校社会服务的一般理解。从企业的角度讲，希望向外界展现的是对自己有利的信息，而不希望把自己获利的设计、生产模式和经验进行推广。但是从科研和教学的角度恰恰相反，其要求信息是全面、客观和公正的，希望把先进的设计、生产模式等方面的知识进行推广，从而提高整个产业和社会的效率；企业不希望花费大量的经费投入与自己利润无关的产品的开发和研究，但是科学研究追求的是真理，在不违背道德伦理的情况下，科研应该是没有禁区的。

因此，我们面对的问题是，高等教育需要明确为谁服务和怎样服务。首先，高等教育社会服务的内容应当是有选择的，应当选择那些适合自己的服务项目和服务对象，要拒绝那些对社会起着负面效应的研究和项目，要“有所为，有所不为”，这也是作为高等院校教师的起码良知和责任。其次，高校参与社会服务并不是一味迎合与满足社会主体对高等教育无限制的要求。再次，高校教师直接参与社会服务，这当然是一件好事，但是有的高校教师和学生利用自己的优势地位，花费了大量的时间和精力在社会服务项目上，甚至严重地影响了教学，这也是不可取的。最后，高校的社会服务，要积极利用自己的优势资源，结合时代要求，服务社会发展。

3. 积极发展高校和企业以及相关组织的合作

在高等教育增强社会服务功能、参与经济社会发展，构建学习型社会的过程中，高校与企业或者相当于企业的类似组织间的沟通与合作是重要的前提之一。高校和企业及类似于企业的相关组织的合作，一方面可以使高校的科研更符合企业和社会的需要，更快地转化成为现实的生产力，更好地为经济和社会发展做贡献；另一方面，高等教育机构希望通过与企业合作，更好地培养企业和社会所需的人才，便于学生就业。

（四）社会服务功能的实现

1. 以校内生产性实训基地为平台的教学、科研、社会服务“三位一体”模式

近年来，高校充分利用自身现代化的校内实践基地开展富有地方特色的集社会服务、教学、科研于一体的社会服务，做到了教学、科研与社会服务的高度融合。

第一，高校采取“校企生产实训一体化”的模式布局实训场地，基地（场地）直接面向社会，有利于承接各种服务项目。

第二，校内实践教学基地设备体现“三个贴近”，即贴近生产、贴近技术、贴近

工艺，配置的都是一些河源地区应用较多的，与企业第一线相同的设备设施，这有利于校内实践教学基地对外开展同步式的社会服务。

第三，校内实践教学基地除承担实践教学外，还要进行学、产、研、发相结合的科技开发与产品生产。在这种"教学工厂"里，师生均要直接从事产品研发和生产，承接服务项目。

第四，校内实践教学基地还面向社会承担着职业培训与技能鉴定，举办多个工种的社会服务任务。如今，随着学校建设向一流高职院校行列的实施，校内实践教学基地又被赋予了新的社会服务职能：成为区域职业院校公共的实训基地、职业技能培训中心以及农村劳动力转移培训中心和推广新技术、新工艺的"生产力促进中心"及重要的研发基地等。

2. 校企合作的科技服务模式

近年来，学校极其重视开展面向社会实际需要的应用技术研究、成果转化与新产品、新工艺开发等科技服务。学校校企合作的科技服务模式的主要形式有五种：一是校企一体，学校自己创办各种科技类的研究中心、院所，比如，学校创办的粤东快速成型推广中心、水资源研究所、旅游设计与开发中心、客家文化研究所等；二是校企联姻，为企业解决生产一线的技术和信息难题；三是企校融合，企业在学校建立公共技术平台，设立有关技术中心、工程中心和培训中心等。如，西科通信、中宝通信、中兴通信在学校建立手机公共技术平台等；四是校企互补，行业企业提供资金，学校利用自己的技术、人才优势承接横向课题，科研成果直接为行业企业服务。五是校企联盟，学校以技术和科研成果入股企业，实现科技成果产品化。

3. 对口支援社会服务的"顶岗实习、置换培训"模式

学校一贯重视对地方大学师资对口支援的培训和进修服务，2008 年起，在高职院校首创"顶岗实习、置换培训"模式。所谓的"顶岗实习、置换培训"是对传统教育实习模式和教师培训模式的重大改革，是指组织师范生到农村中小学校进行教育实习，在一定时期内顶替现职农村学校教师的岗位，让被置换出的农村教师参加由高师院校组织的短期脱产培训。随着学校向建设一流高职院校行列的实施，一方面将进一步巩固和改进对口支援的"顶岗实习、置换培训"模式；另一方面会将"顶岗实习、置换培训"移植到对企业、行业和事业单位的对口支援的社会服务中去。

4. 建立“政、校、企”三方联动的进城务工人员培训体系

面向进城农民工开设提高职业技能的课程班是高职院校服务社会的一种有效的职业培训模式。资源的经济发展，特别是工业园区的发展对技能型人才需求比较旺盛，且一直是农村剩余劳动力进城务工的首选地之一。为此，高校自2008年起推出了课程班形式的职业技能培训模式，取得了良好的前期成果。具体做法是：学校直接到工业园区开设夜校，在深入企业调研的基础上，根据企业的用工需求和要求，采取多种方式和手段吸引进城务工人员的到来，依托夜校为进城务工人员提供“学习培训—上岗工作”或“边工作边学习培训”的服务，既满足企业对进城务工人员知识、能力、素质的要求，又满足进城务工人员不断学习、不断提高的需要。

5. 以社会实践基地为依托的社会服务模式

高校一直以来非常重视学生的思想工作，建立了一批学生社会实践基地，并以此为依托开展了一系列的社会服务。

总之，当前，校企合作并没有取得质的突破，深度合作还是少数。学校热、企业冷的局面尚存，企业没动力、少约束、没保障、少实惠的风险和顾虑依然存在，校企合作不稳定、不深入、不实在的情况没能从根本上改变。因此，造就高级技术技能人才缺乏必要的培养途径保证，职业教育的发展缺乏方向性的培养模式基础，学习型企业和企业人力资源能力建设也出现渠道性障碍。当然，这样的状况也是各级政府所不愿意看到的，这将对产业转型升级产生不良影响。

三、基于政府主导视野下的高职校企深度合作之发展对策

(一)必须依靠制度建设推进校企深入合作

校企合作、工学结合是关系国家技术技能人才培养的一个社会公共命题，绝非仅是教育命题，理应将其放在更高的国家战略、国家制度层面上去审视和完善。职教立法的保证、专项规章的推动、财政经费的支持、特惠政策的倾斜、奖惩政策的调节、协调组织的保障，都是重要的制度创新。

高效的咨询、信息服务和协调沟通机制是校企合作可持续发展的纽带。一方面，政府多个部门的协同化问题需要真正解决。虽然，我国职业教育部际联席会

议制度已经建立，但是，教育、人保、发改、财政、税务等部门在对待校企合作中的一些问题时各有立场，缺少能驾驭相关部门的权威领导牵头，实际效果不明显，亟待改善。同时，校企合作涉及人财物和信息资源的配置及交换，若要真正做到齐抓共管，各尽其责，相互沟通，互惠互利，需要一个有效的协同机制。

另一方面，行业组织和中介组织可以部分发挥牵线搭桥、信息沟通的作用，如在学校招生、专业建设、学校管理、学生就业，企业员工招聘、技术开发等方面提供咨询服务。目前最大的难题是，行业组织的属性没有权威法律界定，行业组织的形态和工作机制形式各异，中介机构目前并不健全。当前，应大力发展行业组织和中介机构，这是市场调节的重要形式，是政府委托服务、购买服务的有效形式，也是校企合作必不可少的服务保障。

（二）校企合作的机制体制亟待协同创新

学校和企业是不同的两个主体，主管部门不同，追求的利益、管理的思路等也不同，学校和企业要跳好双人舞，必须要找准两者间的切入点。结合我国经济发展所处阶段和企业尚在快速发展阶段的实际，用社会责任感来要求企业参与校企合作显得非常“柔弱”。从现实出发，这个切入点对企业来说，一是获得一个稳定的人才吸收途径；二是可以通过和职业院校的合作实现技术创新。对于企业来说，深度的校企合作要从学校的招生阶段就开始介入，与学校一起制定教学大纲，同时，派出专人对学生进行面试和素质测评，改革评价机制，为企业储备优秀人才，使职业院校毕业生直接成长为企业生产一线的中流砥柱。

在校企合作的探索中，职业教育集团化办学也是一条新路子，有条件的地方可以依托较为优质的职业教育资源与行业企业共同组建职教集团。当然，职教集团不能只是形式上的集团化，而要在管理格局、运行机制中体现集团化特征，要调整人事管理制度，改革教学内容，加强校内外实习基地建设，真正在内部机制体制上实现突破。

（三）政府要为校企深度合作搭桥铺路

校企合作无疑是职业教育改革最为重要的路径，但由于企业和学校在性质、体制、功能和结构上不同，事实上两者很难通过无缝对接的方式实现真正意义上的合作，而在这方面能给二者架起桥梁的就是政府。但由于缺少有关校企合作的政策法规，政府在出面统筹协调校企合作、联合办学、制定区域技能型人才发展规划等方面的作用缺位，致使校企合作的运行机制、体制和模式未能真正建立。

要真正解决这些问题，就要尽快构建由顶层政府主导的校企合作政策与管理机制，以立法的形式制定有关职业教育校企合作的法规或条例，明确政府、行业企业、学校在校企合作中的职责和义务。此外，还需要政府着力培育和大力支持有责任、有能力、有条件的行业组织，加强对行业组织的审核管理，建立行业参与职业教育质量管理的机制，依据行业提供的人才需求预测制定职业教育布局和发展规划。

（四）建立和完善各级行业组织

健全行业组织，发展行业组织的教育功能，让行业组织成为企业和职业教育的纽带。从职业教育发展的历史来看，行业组织一直是重要的管理力量。国外实践也证明了行业组织参与职业教育管理发挥了巨大的作用。当前国内很多行业都拥有了自己的自治组织，这些行业组织在行业自律、行业维权、计划协调等方面发挥了重要的作用。但是长期以来，由于行业生产水平较低，对工人的技术水平要求不高，也由于我国“强政府、弱社会”的高度集中的管理模式，使我国行业组织总体上缺乏对职业教育的关注，行业组织的职业教育职能没有得到应有的发挥。

随着行业技术水平的不断提高，国家“新型工业化道路”战略的确立和市场经济的不断完善，通过行业组织指导职业教育的展开，让行业组织参与职业教育管理和决策已成为强烈的市场呼声。因此，健全行业组织，发展行业组织的教育功能是摆在我们面前一项重要的工作。

（五）建立和健全职业资格准入制度

研究借鉴世界职业教育职业资格认证制度较完善国家的成功经验，特别是英美法德等国经验，根据我国职业教育的实际情况，选择性进行区域试点工作，根据试点工作情况，稳步地推行职业资格认证制度。制定各级各类专业的职业资格标准。在职业分类基础上确定进入行业应具备的必备标准，如教育（学历）、工作经验（职业培训）、专业技能（专业考试）和道德品质（职业道德培养）等，有的还有继续教育等特别的要求。同时，建立规范、公开透明、市场化的职业资格制度运行机制，通过“培训—考试—公示—注册—执照—监督—再培训”的实施程序运行。

四、高职校企科技合作思路设计与实施模式研究

新时期基于“四个合作”即合作办学、合作育人、合作发展、合作就业的校企合作将成为高职建设和推进现代职业技术的紧迫课题和核心内容，促进校企合作制度化的呼声日益高涨。与此同时，校企科技合作作为校企合作的重要内容之一，在走过高职办学最初不受关注的懵懂之期，开始备受先知先觉高职院校的重视，成为打破当前高职教育校企合作发展瓶颈的重要举措和基本路径而不可或缺，部分高职开始把校企科技合作纳入今后一个时期校企合作深度融合的重点方向。

(一)高职校企科技合作深度服务社会的瓶颈

校企科技合作是今后一个时期高职院校改革发展的方向和重点，是高职应当下大功夫也必须下大功夫去探索和解决的难点。归纳起来，校企科技合作普遍存在以下几个方面的问题。

1. 校“观”企“盼”，学校底气不足

在现阶段的校企科技合作中，校“观”企“盼”的现象仍然比较普遍，学校的参与能力有待进一步提升。特别是科技型中小企业尤为期盼高职院校能主动、积极参与企业的技术改造、技术创新和产业扩能，为企业的转型升级提供充足而价廉的科技支持，但由于大部分高职，特别是地方高职底子薄、人才缺乏、技术储备不足而心有余而力不足，两难之中而裹足不前。

2. 企“冷”校“热”，企业动力不足

在现阶段的校企科技合作中，由于企业对高职院校特别是地方高职院校在科技服务能力、人才质量、运转机制等方面心存怀疑，面对学校高涨而热切的合作欲望，碍于面子，欲迎还拒，不愿承诺，不敢贸然深入合作，往往只能开展一些简单的咨询、加工或技术培训层面上的合作，校“热”企“冷”的现象普遍存在，企业的参与积极性有待进一步提升。

3. 校企科技合作的含金量亟待进一步提升

在现阶段，由于在科技合作的目标诉求上存在差异或分歧，校企双方的科技合作大都停留在表面，大多是人情关系的合作，进行一些咨询服务、加工生产和人

员培训的合作,深入一些的是技术改造和联合项目申报的合作等。学校方面更多地希望解决教师和优秀学生的专业发展和科技经费进账的难题,企业则希望通过接受学校科技人员和学生来降低开发、技改和生产成本,增强科技竞争力。校企双方在共同制定科技人员和学生专业发展目标、共建专业、培养技术人才、核心技术开发、成果转化、扩能以及共同开发项目式教材和企业社会责任建设等方面尚难以开展深度合作。

4. 校企科技合作缺乏必要的法律和政策保障机制

到目前为止,从国家到地方,都还没有建立起推动校企科技合作的制度保障和政策体系,更别说法律保障。这不仅影响到企业的参与主动性、积极性,还会使校企科技合作存在的一些潜在风险也难以掌控,投鼠忌器,有所顾虑。

5. 欠发达地区、边远地区的校企科技合作“空心化”“脱节”现象严重

校企科技合作在经济欠发达地区或边远地区推动的难度更大、更高,成效小。一是经济欠发达地区或山区高职的办学经费紧张、实训设备紧张、科技人员严重缺乏,所在区域的企业资源有限,特别是科技型企业难以寻觅,在推动校企科技合作方面显得有心无力或巧妇难为无米之炊;二是校企科技合作的内容仅仅局限于挂个牌子而已,没有合作的实质内容和项目,或者仅仅作为学校学生顶岗实习的基地。

(二)高职校企科技合作深度服务社会的实践思路与基本设计

针对校企科技合作存在的种种问题,结合国家的政策以及政策精神,我们研究认为,随着地方经济和社会的高速发展,作为经济建设主体的企业对人才、知识和技术的需求不断向多元化、专业化和本土化发展,以往那种单向由学校为企业提供技术咨询和培训服务的校企合作模式已不能满足地方经济发展的需求,也不能满足地方社会发展的需求。因此,新形势下高职对接地方经济社会、对接技术开发创新、对接产业转型升级,推进产学研训合作、校企一体化建设,是推进校企合作深度融合的必由路径之一。

1. 解决校企科技合作难题的突破口主动出击

高职院校要走出校门主动出击,主动到企业开展科技调研,主动服务企业,畅通与企业的联系,甚至派教师进驻企业,寻求机会,创造机会,发掘合作的潜力,而不是等待企业找上门。双方互相促进,企业为学校提供产学研训基地和技术改造

开发与推广应用平台，而高职院校同时也推动企业的科技开发，增强产品，甚至产业竞争力。欠发达地区的高职院校更应该主动“走出去”，实施地缘优势和后续服务优势战略，促成科技合作，提升学校内涵。

2. 解决企“冷”校“观”的难题

由政府搭建交流和科技开发对接平台，依靠常态机制把学校带进企业，让学校进入企业车间，进入技术领域，通过加强内置式共同体建设，充分调动企业的积极性，兼顾企业利益，实现科技开发与生产的良性循环，开创资源共享、互惠互利的双赢局面，逐步形成能够可持续发展的合作动力，推进高职院校和企业的紧密合作，达到校企科技合作无缝对接。作为高职院校，在国家大力推进经济发展方式转变、推动产业转型升级战略的背景下，特别要着力于面向地方产业转型升级为切入点的服务能力建设，即学校对接地方产业、专业对接行业企业、科技人员对接技术开发与生产，促进校企之间人才、资本、技术和文化的四个双向流转，使学校更好地融入地方产业发展和转型升级，为地方经济注入新活力和新技术，也进一步锻造和提升学校科技服务的能力和影响力。

3. 解决校企科技合作深度融合的途径问题

校企科技合作必须结合当地经济发展的实际，提升产业支撑能力，服务地方特色产业的发展，凭借获得地方政府和企业的常态支持。基于校企合作的产学研训一体化是实现高职院校与地方产业有效对接的基本途径。通过校企科技合作，把职业教育纳入地方经济社会发展和产业发展规划，促进高职院校规模、专业设置、科技服务与经济社会发展需求相适应。

4. 解决校企科技合作深度融合的可持续问题

校企一体主要体现在以下四点：一是企业厂长和高职院校主任一体，保证了科技资源和人才培养各环节的协调统一；二是教师技师一体，专业教师和企业技师定期轮岗，既解决了科技型教师培养的难题，又弥补了双师型教师的不足；三是学生员工一体，专业为企业提供员工，学生轮流去企业协助技术开发或进行生产实践，工学研交替，提高了综合能力，同时，企业员工定期到高职院校学习新技术，保证了企业技术的领先；四是高职院校实训车间和企业工厂一体，专业实训研发基地与企业技术研发车间管理上标准统一、设备共享、人员互动，真正实现“专业办基地、基地产业化、专业基地一体化”。

5.解决校企科技合作深度融合常态化发展的关键——将“产学研训合作”法制化

政府规定企业必须开展职业教育,作为一项不可或缺的企业义务和社会责任,凡员工在若干人以上的企业都要负责进行员工的在职培训或学习进修,若干人以下的须按企业职工平均工资的若干百分点向国家或地方政府交雇用保险金。凡高新企业、科技型企业、现代服务业等必须开展校企科技合作,政府借此大力推动高职院校与企业密切联系,把产学研训合作列入职业教育发展的战略措施之一,将产学研训合作写入国家或地方“产业教育振兴法”,使之法制化。

(三)基于“三个主导”的高职校企科技合作模式的初步探索

高职院校必须找到这个支点,才能够得以在短时间内实现跨越式发展,才能够成就高职教育发展的高地。当然,因为地方条件不同,不同高职院校的发展路径也会不同,但是,借鉴经验,结合当地实际,通过工学深度结合的途径和手段,不断探索出更多的校企科技合作模式来更好地服务社会,培养高技能科技人才,达成校企政互利三赢,理应是高职院校目前面临的重要课题。

1.地方政府主导下的校企科技合作

该模式是指地方政府或行政职能部门充分发挥组织优势、资源调节优势和统筹规划优势,合理统筹教育、企业和科技三种资源,为校企科技合作提供项目课题、财政投入、制度保障、政策支持、税收优惠,调动企业参与科技研发的积极性,解决“校热企冷”难题,推进校企科技紧密、深度合作。

2.学校主导下的校企科技合作

该模式指学校积极创造条件,主动与行业、企业合作,在资源上互补与共享,包括与企业合作创办科技实体,吸引企业进校共建研发基地,到企业开辟科技开发试点基地等。从合作内容上看,高职院校与企业之间的科技合作主要有两大类模式:一类是产品与技术的开发和应用,即企业根据市场或自身发展的需求,与高职院校签订科技开发合同,委托高职院校开展有针对性的、符合企业需求的新产品、新工艺的研究开发工作;另一类是科技成果转化,即企业针对高职院校前期已研发出来的以技术秘密或专利形式存在的科技成果,通过技术受让或专利购买,取得该项科技成果的相关权利，如使用权、处置权等。

3. 企业主导下的校企科技合作模式

在该模式中，企业是校企科技合作的主要组织者和管理者，主动全方位地参与学校科技发展和科技人才培养，包括参与制定科技发展和人才培养目标，提供技术人员担任专业指导教师等。对企业来说，此举不但可获得专业对口的高素质人才储备，而且能够获得职业院校即时的科技人才和信息技术支持。

五、技术立校是高职教育之本

（一）高职技术立校背景

就技术发展而言，技术在不断地改变世界、改变人类生活。人类社会每一次经历技术革命，都使生产力发生巨大的飞跃，都使人类社会面貌发生根本的变化，对世界经济发展和生产、生活方式产生极其深刻的影响。

衡量一所高职院校的办学质量和水平，首先要看它对地方经济社会发展的贡献有多大。作为地方高职院校，有责任将理论知识转化为技术、转化为成果，从而转化为生产力，转化为产品和服务，推动地方社会又好、又快发展。所以，高职院校能否把握技术，并利用技术引领生活、引领消费、引领生产、引领发展，成为高职院校是否具有核心竞争力的关键。

（二）学生培养需要技术教育

高职院校强调技术人才输送与社会技术岗位需求的对接，只有供应的人才具备技术岗位需要的技术，才能实现这一对接。因此，在产业结构调整导致技术应用型专门人才供求矛盾日益严重的形势下，高职教育必须以技术教育为基点，坚持不懈地走“技术立校”之路，从而直接为社会输送生产、建设、管理、服务的高级技术技能人才。

1. 专业技能培养需要技术

高职高专教育人才培养基本特征是，以培养高等技术应用型专门人才为根本任务；以适应社会需要为目标，以培养技术应用能力为主线设计学生的知识、能力和素质结构。技术技能人才是推动技术创新和实现科技成果转化的重要力量，是高职教育的艰巨任务。所以，技术立校是人才市场的需求，当前我国技能型人才紧缺的现状更需要高职教育技术立校，培养动手能力强的高级技术技能人才。

2. 创新能力培养需要技术

创新能力是个体运用一切已知信息，包括已有的知识和经验等，产生某种独特、新颖、有社会或个人价值的产品的能力。它包括对已有知识的获取、改组和运用，以及对新思想、新技术、新产品的研究与发明。所以，高职教育要培养创新人才，首先要培养学生获取知识、内化知识、改造和运用知识的能力，即举一反三的变通能力；然后要有新方法、新工艺、新产品的开发能力。

高职教育的实践性及应用性极强，技术创新能力是高职教育人才培养的重点，是高职教育人才培养的内在要求和实施教育教学改革的战略要求。高职院校在深化教学改革时，应树立技术立校理念，研究新技术，追踪新技术，应用新技术，以提高学生技术应用和创新能力为宗旨，以大学生实践创新能力培养为核心，提高人才培养质量。

3. 方法能力培养需要技术

随着社会经济的发展，必然带来产业结构的变革，随之而来就是职业结构的升级换代，职业内在的技术、功能和工作方式日益进行脱胎换骨的蜕变，职业变化和岗位流动成为就业的主流方式，这就需要高职教育培养学生的职业融通能力。要实现职业融通能力，对学生方法能力的培养就显得尤为重要。

方法能力是一种隐性能力，技能培训是其有形体现。要培养学生的方法能力，就要以技术为载体方能实现，要让学生掌握程序性知识、工具性知识，并能针对某个特定产品提出不同的技术路线和优劣分析。所以，在教学过程中，知识方面要多设计发散性的问题；实践方面要了解行业的共性技术，设计综合性的技能训练项目，而非单一的简单验证性操作。

（三）教师专业发展需要技术

高职教师专业发展是当下高职教育改革实践的一个重要课题，提升教师的专业水平是高职教育质量的根本要求。高职教育要培养面向生产、服务、建设和管理一线的高级技术技能人才，高职教师就必须具备围绕专业进行技术创新、技术开发和技术服务的能力。所以，必须大力提升高职教育教师队伍整体和个人的专业技术水平。

1. 教师要有扎实的技术知识

“要给学生一碗水，教师必须具有一桶水”。教师牢固掌握并及时更新本专业技术原理和知识是教学能力的基础，是履行教师职责的基本条件，是胜任教学工作、保证教学质量的前提。教师具备扎实的技术知识，才能整合教学内容，把握教学重点，使知识的生命力和应用价值得以展现。

自身如果技术不过硬，对技术背后的知识和原理不能做到烂熟于胸，就不能游刃有余地设计出难易不同、各有侧重的训练任务和项目，更不能引导学生进行分析、综合、比较、概括，学生职业能力就难以得到很好的培养。教师还要及时捕捉市场信息、了解新材料和新技术，避免用昨天的知识，教今天的学生，培养明天的人才。

2. 教师要能进行共性技术开发

现代的知识原理、科学技术和专利发明等只有转化为现实的生产力，才能迸发出它的能量。这就要求高职教师必须掌握活知识、活技术，其本质就是高职教师能综合、灵活地运用已有知识进行创造性活动的能力，具体表现为具有一定的应用研究和开发能力，有一定的组织生产、经营、创业和科技推广能力。

共性技术研究与开发能力是高职教师从事与教育教学相关的各类技术研究及创造发展的能力。共性技术的研究，促使教师了解社会对高职教育教学的新要求，明晰所教课程中技术内涵的新变化，将新知识、新技术向生产一线推广，促使知识技术大面积获得应用。同时，共性技术如果能很好地融入专业课程体系，就能很好地体现职业融通能力的培养要求。

3. 教师要能从事岗位技术和单元操作的改良

目前，高等职业院校的教育与企业生产实际脱节的现象仍然存在，表现为两方面。一方面是设置了新技术课程，但对新技术不了解，教师只能把主要时间和精力放在课堂理论教学、做理论分析、写论文等方面，只能纸上谈兵，实践教学能力得不到及时的更新和提高；另一方面是实践教学与没有什么技术含量的某个企业岗位“零距离对接”，对教师和学生的技术素养没有培养价值。长此以往，因为对技术不熟悉，教师走不进企业；因为学的技术不扎实或者过时，学生满足不了行业需求。

高职教师要承担高级技术技能人才的培养重任，就必须要求自身具备本行业的专业技术人员的专业能力，能够胜任本专业工作岗位和完成流程的每个单元操作，在实践的过程中能对当前岗位能力与生产流程进行深入的研究，针对不合理的地方提出改良措施。这样，既能为企业创造效益，又能使专业技术与行业技术保持超前或同步。因此，高职教师必须通晓企业生产技术和运营管理，才能对当前专业技术岗位和生产流程操作提出改良措施，全面提升教学水平和服务社会的能力。

（四）学校内涵发展需要技术

1. 社会服务需要技术

高职院校社会服务的主要途径，一是转化技术成果，通过技术成果转化来促进地方经济的发展，实现地方经济与高职教育的共同发展；二是发展职业培训，通过开展各种形式的文化与技术培训为员工提供在职学习来满足社会对人才的需求；三是提供信息服务，通过图书馆、实训室和数据库提供信息为社会服务。

高职院校的三个主要服务内容，核心要点就是传播技术，因为技术才是推动社会发展最直接最有效的动力。所以，高职院校必须重视技术培育和技术积累，更要重视技术团队的建设、技术人才的培养，营造支持技术开发，尊重技术人才的良好氛围，使学校的技术内涵不断充实。

2. 校企合作、工学结合需要技术

校企合作是适合高职院校生存和发展的新型办学模式，也是校企合作办学、合作就业、合作发展，合作培养生产、建设、管理、服务第一线专门人才的重要途径。校企合作是目前高职院校的发展热点，但是往往很多校企合作仅仅停留在表面，甚至仅仅停留在文字上。究其原因，其中很重要的一点就是企业与学校的需求不一致。因此，要真正做到校企的深度合作，归根结底离不开技术。只有学校拥有企业需要的技术和掌握这些技术的人才，能够为企业带来效益，校企合作才能兼顾学校的需求和企业的需求，达到长期稳定的“双赢”。

3. 校企协同创新需要技术

为了提升全民创新水平，政府推出了协同创新计划，以促进企业和大学研究机构发挥各自的能力优势并加以整合，实现各方的优势互补，加速技术推广应用和产业化的科技创新模式。

在科学技术一体化时代，技术才能把理论知识转化为生产力，在协同创新模式中，技术不仅是连接企业和大学及研究机构的纽带，更是科技创新最为主要的内容。要实现这一模式，大学和研究机构必需具备与企业发展密切相关的技术实力，只有大学和研究机构提供的技术可以提升企业的创造力，企业才会积极地参与到协同创新中来。因此，技术培育是实现协同创新的必由之路。

第二章 应用型人才高等教育培养规律探讨

第一节 学习型经济呼唤应用型人才培养模式创新

自20世纪70年代以来，人类社会正经历着一场新的科技革命，在它的驱动下，从产业类型及其组织结构到人们的工作和生活方式都在发生变革。伴随着科技、产业的新发展，尤其是经济的信息化和网络化发展，演化经济学把今天的经济发展方式概括为一种“学习型经济”。学习型经济挑战着传统的高等教育理念，呼唤应用型人才培养模式的创新。

一、科技、产业新发展与学习型经济的形成

（一）信息化和网络化时代的学习型经济

信息化和网络化的发展正在使生产方式、组织行为、生活方式以及人们的观念发生全面的质的变化，新生事物不断涌现，其中之一就是学习型经济的迅猛发展。进入信息经济时代，不仅科学技术日新月异，而且科学技术创新成果的传播速度也越来越快，这极大地缩短了新产品的生产周期和生命周期。在信息经济时代，在生产、流通、分配、消费中的任何一个过程都会进一步衍生出更多的新信息、新知识，这迫使人们不仅要不断学习新知识、掌握新技术，而且要不断增强学习能力、创新意识和科学方法，这一项任务甚至是终身的，即所谓的“终身学习”。在学习型经济中，学习活动既是全面掌握现有的信息和知识的过程，也是一种新知识的创造过程。十多年前，“知识经济”研究曾在中国学界昙花一现。事实上，作为一种新生事物，它对未来社会经济和生活方式的影响仍然没有完全显现出来。这里所说的学习型经济与知识经济是息息相关的，甚至一些学者认为它们之间是可以互相替代的。我们认为学习型经济比知识经济更能反映当代科学技术发展的现实和需要。在学习型经济中，“知识”是一种流量或增量，而在知识经济中，“知识”主要是一种存量。对学习型经济的研究除了关注以知识生产和分配为目的的机构（譬如，大学、R&D实验室等），也不排除基于日常例行事务的学习，它强调“边干边学”和“边用边学”，强调知识创造也是日常例行活动的副产品。学习型经

济还把关注的焦点集中在经济结构和制度组织如何影响学习过程的问题上，而不是单纯地考察作为生产要素的知识存量对经济增长的作用。

与以往的工业化相比，信息化和网络化的飞速发展不仅导致知识的“爆炸式”生成和传播，而且将学习置于前所未有的战略地位。在传统社会中，人们能够凭借有限的知识和经验去从事生产实践活动，但在当今信息化和网络化时代，这种情形就不合时宜了。早期工业化对技能的影响是模糊的。一方面，它增加了对用于制造机械的技能密集型的机械工程技术的需要；另一方面，在技能的要求上，那些运用机械设备的劳动过程通常所需的技术含量较低并且是简单重复的。如今，如何动态地了解、学习和适应技术创新和组织结构的变化，这对于专家、工程师和普通工人都是迫切的问题。后面将要讨论的一些典型化事实也证明，在变化速度和学习速度之间存在着强有力的正向关系。首先，变化或创新引起学习，没有变化，就不需要什么学习。譬如，企业负责开发和引进新机器的研究与发展部门（企业 R&D）迫使工人和工程师进行解决问题的学习；新的市场需求、新顾客、新设备的供应商以及新产品的竞争者等也促使企业加速学习以适应外部环境的新变化。其次，学习也导致变化或创新。每日学习活动构成企业的一个重要内容，这有助于指导创新、加速变化。大量的经验研究表明，在技术和组织创新方式上的变化植根于交互学习的过程中。在个人之间以及组织之间的交互作用中，不同知识片断的新组合以产品和过程创新的形式表现出来。

因此，学习和变化之间的关系是双向性的，关于长期经济增长的分析以及对近期趋势的研究证实了这种观点。目前，演化经济学正在深入地探讨与劳动力市场相关的三种典型化事实，并通过对学习型经济的研究揭示导致这些典型化事实的内在机制。

这三种典型化事实是：第一，长期经济增长的分析已经证明，人力资本是增长最快的生产要素。技术进步有利于提高熟练劳动力的生产率，而不是提高非熟练劳动力的生产率；第二，近年来，新的工作职位创造主要发生在经济活动中知识密集的那一部分，无论是从地区和厂商规模上看，还是从服务业和制造业上看，这种趋势都是同样明显的；第三，自 20 世纪 80 年代以来，在发达国家的劳动力市场出现了不同程度的两极分化趋势，缺乏技术的工人就业状况急剧恶化，相对工资水平急剧下降，他们的工资收入水平处于贫困线以下。上述三个典型化事实表明：在决定个人、厂商、国民经济的经济命运方面，知识和学习已变得极为重要。它们的共同之处就在于，知识的投资回报率日益增加而不是在减少，人力资本比重的增加并没有降低其回报率，资源向知识更为密集的活动的流动似乎正在加速而非减慢。尽管技术工人的供给在增长，而非技术劳工的比例在下降，但技术工人的相对稀缺还是增加了，尤其是在新技术的出现或引入时，技术性劳工的短缺会更加突出。

对典型化事实的解释至少有三种观点：全球化假说、有偏向的技术变迁假说和企业行为变化假说。全球化指的是，来自低工资国家日益增长的进口导致了劳动力市场上两极分化的产生。有偏向的技术变迁指的是，近来的技术变化存在着更有利于技术工人的强大偏向。信息技术的运用更强化了这种趋势，在那些已经在工作场所中引入计算机和其他形式的信息技术的企业中，工资和就业机会的两极分化更为剧烈。企业行为变化指的是，在发达国家，企业往往采取低工资发展战略，非本地化和外包就是实现这种战略的重要手段。

基于学习型经济，演化经济学认为，包含在这三种假说中的基本因素共同促进学习和加速变化，并且强化了快速学习的必要性，因而这三种假说都有其科学性。毫无疑问，在长时间的跨度上，学习和变化的速度加快了。我们只要回溯几代人的时间，就会发现我们的前辈以和其祖父母同样的方式做着同样的事情，并且通常他们是在同样的地方做这些事情。自工业革命开始以来，变化已经大为加速，人们被迫以不同的方式学做不同的事情，学习如何在新的环境中做这些事情。快速变化也意味着，社会对学习能力、对新需求和市场机遇做出反应的能力有着一种强劲的需要。根据美国制造业就业格局的资料，有学者指出，企业成本的增加部分是由变化所产生的成本，而非生产成本所构成的。

学习型经济对大学在社会经济发展中作用的传统定位尤其是大学人才培养理念提出了挑战，要求大学紧跟科技发展步伐，创新人才培养模式。

（二）在学习型经济中传统的大学发展理念面临变革压力

在学习型经济中，大学的作用主要集中在以下两个方面：一是直接参与构建国家创新系统，成为其中的重要元素；二是为学习型经济发展培养应用型人才。基于本章研究任务，第一个作用在这里不再讨论了，下面重点研究第二个作用。

在今天，越来越多的大学开始直接地、正式或非正式地参与以商业为目的的技术研发。甚至，未来大学发展的趋势之一就是，加强大学与企业之间的联系，加强大学对以研发商业技术为目的的应用科学的重视。通过将研发作为大学教育的一个重要组成部分，强调科学尤其是应用科学的重要性，以此打破各学科间的明显分界线，使大学更多地为经济和社会发展做贡献。加强大学与企业间的联系，可以作为工业化国家以及新兴工业化国家创新系统的核心任务。技术是发展的关键，通过建立研发导向型的大学，可以加强经济体的创新能力，即大学可以通过应用研究来促进创新，进而这些创新又可以被企业所利用。

一直以来，大学的主要职能都是培养各类专业人才。自洪堡的“教学与研究”理念传播以来，基础研究已经得到大学的普遍接受，成为大学教育活动的内容之一。而以研发商业技术为目的的应用科学还未被大学普遍接受，甚至这种活动被认为与大学教育的核心角色相悖。目前，大学与企业的关系已经成为实业界和教育界的一个议题。在今天，越来越多的大学开始直接地、正式或非正式地参与以商业为目的的技术研发。甚至，未来大学发展的趋势之一就是，加强大学与企业之间的联系，加强大学对以研发商业技术为目的的应用科学的重视。通过将研发作为大学教育的一个重要组成部分，强调科学尤其是应用科学的重要性，以此打破各学科间的明显分界线，使大学更多地为经济和社会发展做贡献。加强大学与企业间的联系，可以作为工业化国家以及新兴工业化国家创新系统的核心任务。技术是发展的关键，通过建立研发导向型的大学，可以加强经济体的创新能力，即大学可以通过应用研究来促进创新，进而这些创新又可以被企业所利用。许多经验研究表明，如果一个国家的大学能够普遍拥有研发创新意识和能力并将这种意识和能力传授给学生，那么这样的国家往往容易获得更高的增长率。

为此，国外一些国家从国家层面、地方层面和学校层面上制定了新的政策，以加强大学与企业之间的联系。通过这些鼓励政策，大学一方面直接参与技术创新研发；另一方面为学习型经济输送各类应用型人才。在国家层面上，政府给学校提供资金支持应用型研发；给科学和技术领域专业的学生设立奖学金；鼓励公立和私立大学间的良性竞争。甚至，大学之间可以通过公平竞争来获取生源和资金，大学可以引入企业的管理技巧、引入新的课程，出台相应的政策。在地方层面上，大多数的大学并没有太多地关注研发，并且与企业间的联系也很少，它们更多的是专注于教学，因而无法从企业获取高效的研发团队和管理团队。

地处相对偏远和落后地区的大学在这方面的弱势更显著，因为很少会有企业到这些城市，这便会影响到这些大学的生源质量和师资质量。因此，地方政府需要出台相应的鼓励性政策，促成企业与这些地方性大学的有机结合。譬如，提供许可和资金支持，鼓励大学融入企业的专业研发中去，进而逐渐建立大学自己的研发团队。地方政府也可以提供大学附近的基础设施和用地，补贴产业工人培训，扩大税收优惠以吸引企业前来落户等。在学校层面上，大学要更新办学理念并制定各种激励机制，从而与企业建立广泛的、有经济效益的联系。下面重点讨论在这个方面的国外变革与经验。

在传统的工业化时代，大学与企业间的合作关系不为人们所重视。但是，随着经济、技术和商业环境的改变，大学经营者的理念也在变化。越来越多的大学开始致力于商业技术研发和与商业市场的联系。传统的观念认为，这种现象是不健康的，因为大学与企业间的联系可能会转移大学投入到教学中的时间和资源。但事实并非如此。西方发达国家的大学发展已表明：最好的大学大部分也是科学技术领域的领导者。商业性研发与教学是彼此促进的：一方面，有大量科研项目资金支持的学校会吸引更高质量的学生和师资；另一方面，这样的大学也会吸引企业，从而刺激本地经济的发展，创造就业机会，同时通过企业与大学的联系，大学可以为企业输送急需的人才。

大学与企业间的合作需求和发展趋势正在给大学教育施加变革压力。大学日益需要采取更加开放和灵活的管理体制。为此，一些国家给予大学更多的自主权，加强大学间对生源、师资和资源的竞争。这种竞争已经在一个广阔的维度内展开。譬如，学生和老师可以获得更广泛的选择权，能够更加自由地流动；大学可以像跨国公司一样，在其他国家或地区建立分校，与其他国家建立合作关系，以利用他们的品牌和人力资本等。

如果说创新是经济增长的第一推动力，那么大学已经成为这个过程中最具活力的跨国实体和商业力量。这种趋势所孕育的大学发展前景是传统办学理念所不能想象的。在这种潮流下，大学的人才培养模式急需变革。

二、学习型经济亟须应用型人才培养模式

（一）在学习型经济中传统人才培养模式面临挑战

学习型经济的一个重要特征就是创新过程的互动性。如果一个专业人士想将一种新思想转换到市场的产品中去，他必须融入团队工作，需要与顾客互动，甚至他还面临协调各个科研机构之间的互动关系。在变化加剧的环境中，支撑学习的一般技能就变得日趋重要。这要求学生不仅能够从书籍和课堂中获取专业的知识，而且具有较高的表达能力、分析能力和团队合作能力，这是考核大学人才培养质量的重要依据。

传统的教育理念把教育视为往空瓶子装水的知识灌输过程，在教学方法上以

知识的“填鸭式”教学为主。虽然这种思想被人们广泛接受，但在现实面前，这种思想已经被证明非常不合时宜。

（二）应用型人才的素质内涵：基于学习型经济的探析

在学习型经济中，知识被分为两种类型：可整理知识和意会性知识。这两类知识的循环累积赋予人才新的时代内涵，这种新型人才就是所谓的应用型人才。

在大学的传道、授业、解惑中，不仅要通过书本、课堂、实验等方式给学生可整理知识，还要培养学生的获取意会性知识的意识和能力。

知识整理可以被理解为一种特殊过程，它将特殊事物一般化并且将信息转化为共同的和可交流的语言。它包括建立技术标准并实现以普遍的科学原则为基础的技术发展。今天，信息技术的发展可以被看作是对更有效地处理可整理知识这一要求所做出的反应。反过来，信息技术和通信基础设施的建设极大地促进了知识的整理过程。所有能够被整理并被转化为信息的知识，现在都能以极为低廉的价格长距离地得到传输。可整理知识的潜在运用领域被扩大了，而将资源配置到知识当中去的整理过程就变得更有吸引力了。

可整理知识具有市场的可交易性，它的商业价值是很容易衡量的，因此也容易为人们所重视。但它的存在丝毫不能削弱有关技巧、能力的意会性知识的重要性。有效地选择和运用信息的技巧和能力与信息本身同等重要。大学学习的核心任务是培养一种能力，这种能力就是把意会性知识转化为可整理知识，并运用于实践之中。这种能力培养也是为学生将来的工作实践做准备的，因为在实践中会不断地面临把新的意会性知识转化为可整理、可交流和可交换的系统性知识的任务。这样一种学习程序是个人和组织学习的精髓，这两类知识的循环累积赋予人才新的内涵，这种新型人才就是所谓的应用型人才。

第二节　高等教育自身发展内在规律催生应用型人才培养模式

最近四十年涌现的新科技革命不是偶然和纯粹科学技术性质的，可以把它的特征概括为一种新的知识生产方式——“知识生产模式Ⅱ”。高等教育体系知识生产模式Ⅱ中的关键环节以及高等教育自身发展内在规律正在催生应用型人才培养模式的形成。

一、学术革命与知识生产模式变迁

到经济活动中去，这是大学新的社会功能。大学不再是单纯地进行教学和科研的“象牙塔”，它的一个重要功能是不断地创造知识并把知识转化为技术创新的源泉，进而通过技术转移实现其市场价值。新的知识生产模式和大学新的发展趋势要求大学的人才培养模式推陈出新。

(一)知识生产模式Ⅱ

我们可以把所谓的模式Ⅱ理解为：在一种应用的、跨学科的环境中，通过非等级制的、异质性的组织关系，人们以一种极高的社会责任感认识世界和创造知识，这个过程不仅是一个科学发现过程，而且是一个各个社会集团之间的利益博弈过程。

经济的信息化和网络化发展导致知识的生产和应用机制发生了显著变化。知识生产模式的根本转换要求有不同的制度和组织形式与之适应，尤其是要求有一种适应新知识生产模式的高等教育。

这就要求现代高等教育必须突破传统的知识精英统治和学科自治的发展模式，大学的发展必须基于知识生产模式Ⅱ，以开放的、创新的和社会化的理念重塑新的人才培养模式。

(二)传统高等教育人才培养模式面临挑战

创业型科学研究不放弃对真理性知识的求索，并赋予科学研究服务于社会经济发展的职能。

透过新的知识生产模式，我们能够看到在科学发现与技术应用之间，以及在大学与社会、市场之间的关系日益密切，像工程师一样大学教师也会根据市场需求去解决生产实践中的具体问题。创业型大学意味着，大学承担起创办实业的经济角色，把推动经济社会发展作为自身的一项重要任务。这样，大学的职能开始多元化，从最初的知识生产和教育职能，发展到促使知识转化为商业利益从而服务社会经济发展的职能。在这样的背景下，一些具有后现代主义倾向的教育家忧虑地指出，传统的大学发展理念、人才培养与管理模式正变得不合时宜，社会和经济的短视需求很可能造成大学的工具化，这会从根本上动摇洪堡的大学发展思想。

二、创业型大学的兴起与应用型人才培养模式创新

知识生产的模式Ⅱ与创业型大学兴起相辅相成。大学是知识生产和创新的核心机构，知识生产模式Ⅱ的兴起构成创业型大学兴起的内在动力。知识生产的模式Ⅱ所代表的知识生产的情境性、跨学科性、社会弥散性、反思性以及复杂的质量控制系统成为研究型大学向创业型大学转变的知识社会学基础。创业型大学兴起要求有对应的人才培养模式创新。在新的人才培养模式中，应用型人才培养模式是学者们关注的焦点。

（一）应用型人才：创业型大学人才培养模式的内在要求

创业型大学的崛起推动大学人才培养模式的变革。创业型大学的科研活动一般是以解决实际问题的需求为导向的，通过获取项目经费来支持科学研究。从事研究的主体不是某个人，而是由来自不同学术领域的人员组成的科研团队。围绕某个重大问题，不同领域的成员之间互相交流信息和知识，提供解决问题的不同视角和研究方法，从而促使新观点、新思维和新方法的诞生。在这种科研活动中，教师可以让本科生特别是高年级的本科生和研究生参与进来，从而实现“产”“学”“研”之间的结合。通过参与这类科研活动，学生能够获得通过书本和课堂教学难以获得的信息、知识和能力。这些信息、知识和能力其实就是前面提到的意会性知识。在很大程度上，这类知识只能通过实践摸索、经验总结、内省、同行间的经验交流来获得。这样的人才培养模式在传统大学教育过程中是难以实现的，这个学习和实践程序不仅有效地弥补大学课堂教学在培养创新创业人才方面的不足，也使学生在跨学科平台中经受锻炼，为其今后独立自主地创新、创业奠定良好的智力基础。

伴随知识生产模式Ⅱ的兴起和创业型大学模式的发展，培养应用型人才的大学教育理念逐渐成为一种共识。应用型人才培养思想不是对现有通识教育的放弃，而是对通识教育与专业教育更加深入地有机结合，不仅突出了专业人才的实用性质，也注重培养全面人才的人文素质。应用型人才内涵可以从培养目标、知识结构和能力结构三个方面概括如下：首先，应用型人才培养目标要求，真正的人才必须具有较高的综合能力素质和深厚的专业理论功底，具有把理论应用于实际、解决实际问题的实践能力。其次，应用型人才具有现时性、应用性和复合性的知识结构特征。这类人才的专业口径相对较宽，能够适应职业分工高度专业化趋

势和技术综合化趋势。再次,应用型人才不仅具有分析和解决现有问题的实践能力,而且具有综合素质的发展潜能和知识创新能力。最后,应用型人才必须具有较好的社会活动能力和良好的个性素质。可见,应用型人才培养理念肩负"成人"教育和"成才"教育的双重目标,它强调通识教育与专业教育的有机结合,注重在科学研究能力培养与人文素质培养之间、在个性化发展与社会需求之间寻求某种和谐,改变以往过分专业化的教育状况。这种培养理念要求学生必须首先具备积极参与社会实践的热情、有强烈的社会责任感和团队合作精神,然后才要求学生成为熟练的、具有创新能力的技术专家。

(二)基于高等教育转型的应用型人才培养模式探析

基于国内外高等教育人才培养经验和学者们的相关研究,目前应用型人才培养必须克服以下缺陷:首先,学生的知识结构单一化。在传统的教学模式中,列入教学规划的课程基本上是由教师在课堂上进行单向系统传授的,学生获得的几乎都是间接知识,缺少直接体验,这导致学生探索未知新知识的能力非常薄弱,创新能力和创新意识都不足。其次,学生的思维单向化。学生的思维主要是正向思维或顺向思维。导致这种思维方式的主要原因是教师的教学方法。由于所有的课程都是由教师单向系统传授的,这种教学方法不仅要求学生要适应教师的思维方式,而且要求学生的思维和教师的思维是同向的。这种思维方式抑制了学生的批判和创新精神。再次,发现问题的能力不足。在传统的人才培养模式中,教师希望学生能够在某种理论指导下去分析问题和解决问题。教师往往注重培养学生的分析和解决问题的能力,但忽视了对发现问题的能力的培养。事实上,如果没有发现问题和提出问题的意识和能力,也就谈不上创新意识和创新能力了。最后,个性化培养不足。随着大学教育的大众化,人才培养模式必须适应批量培养的需求,这就在很大程度上突出共性化的因素,忽视个性化因素,导致学生的个性化需求受到压抑。这也在很大程度上抑制了学生的创新意识和创新能力。

下面将从应用型人才维度、应用型人才培养原则、知识体系和教学改革等方面探析应用型人才培养模式。

1. 应用型人才维度

大学在构建一个立体的应用型人才培养模式的过程中,应当关注以下三个维度:人才层次、素质结构和复合能力。首先,在培养层次和目标上做到定位清晰、准确,既尊重高等教育人才培养的内在规律,充分考虑到学生的个性化发展,也要及时把握社会发展对人才培养新要求、新趋势。目前，高等教育正在走向大众化，朝着传统的精英教育与大众化教育相结合的趋势发展，这就意味着高等教育应用型人才培养是分层次的，是精英教育和大众教育的辩证统一，而不是对精英教育的放弃。事实上，社会经济的发展对人才需要是分层次的，社会既需要引领科技创新、经济与社会管理等方面的尖端人才，也需要具体应用领域中的高级技能型人才。因此，应用型人才的目标定位应当结合高等学校自身的科学研究、创新、创业、办学特色等个性化特征做到分层次，并结合社会需求的不断变化对已有的分层进行动态调整。其次，应用型人才是适应社会发展需要的素质全面的人才。这种人才培养模式有其特定的素质教育内涵和素质教育程序。这里所提到的素质教育主要涉及道德素质教育、专业素质教育和职业身心素质教育三个方面。德才兼备是应用型人才培养的理想境界。高等教育不仅仅是为了让学生获得某种专业知识和技能，它更是希望学生成为全面发展的人。为达到这一目的，高等教育不仅要在专业教育方面下功夫，还要承担起道德教育的重任。最后，应用型人才是具有复合能力的人才，而不是能力单一或畸形的人。在应用型人才能力指标体系中，创新能力、实践能力和交往能力处于核心地位。但就这三方面能力关系而言，创新能力是复合能力的轴心，是评价一个人是否具有高素质的重要指标。因此，学生的创新能力是目前各国高等教育面临的新使命，应用型人才的内涵必然包含学生独立思考和勇于创新的科学精神。实践能力是应用型人才培养的归宿。应用型人才培养目标不是为了传授知识，或培养单纯的学术活动能力，它的根本目的在于培养学以致用的实践能力。交往能力是应用型人才培养中的迫切课题，因为在现代社会中一个优秀的人才必须具有良好的团队合作精神。在实践中，用人单位在选拔人才时普遍看好那些具有团队合作精神的人才。从具有团队合作精神以及具有领导团队的能力角度看，通过接受大学教育，学生的社会交往能力得到培养，这一点显得格外重要。如果学生在这个方面有缺陷，这种缺陷将妨碍他的专业才能的充分发挥。因此，在应用型人才培养模式中，教师要充分利用社会实践教学和课外活动去锻炼学生的社会交往能力和复杂的人际关系协调能力。

2. 应用型人才培养原则

基础性、实践性和个性化是应用型人才培养的基本原则。这意味着应用型人才具有广泛的学科基础知识和扎实的专业基础知识以及适用的通用知识。专业基础知识是学生未来职业生涯的根本。扎实的专业基础知识保证学生快速进入未来的工作岗位，不仅能够适应各项基本要求，而且能够向较高层次发展。因此，强化专业基础并拓宽知识面是应用型人才培养的第一个基本原则。在教学中，强化实践环节，着力培养学生的实践能力，这是应用型人才培养的第二个原则。应用型人才培养的第三个基本原则是进行个性化培养，由传统的共性教育转向注重个性化教育的方向，真正做到因材施教。这是因为一方面学生的个体差异越来越大；另一方面社会对人才规格的需求日趋多样化。所以，大学在人才培养过程中必须尊重学生的个性，努力开展基于有个性差异的教育活动，改变传统的“批量式”的教学模式，让学生能够充分参与教学过程，真正做到教学相长。

3. 知识体系和教学改革

应用型创新人才培养的知识体系由通识教育、学科基础教育和专业教育三大部分组成。其中每部分又由理论课程模块、实践课程模块、创新与素质拓展模块三个子类组成。每一部分内容都能够体现知识创新及实践能力培养的教育目标，做到了强化基础、注重实践和整体优化的设计路线。在它们之间实现知识内容的相互渗透与融合，从而强化课程内容的综合程度。这种知识结构以理论与实践相结合、课内与课外相结合、教学与科研相结合为准则来构建能力培养型课程体系，从而改变实践教学环节在整个教学中的附属地位。上述三部分又由三个子类或模块构成，通过这些子类或模块，教师最终实现拓展学生科学素质与人文素质、深化学生学科基础与专业素质、培养学生动手能力与团队精神的教学目的。

上述知识体系要求全方位地改革传统的“填鸭式”的教学模式，构建集教学训练和创新活动为一体的新型教育平台，从教学内容和教学方法等方面进行改革以适应应用型人才培养的需要。

首先，改革教学内容。大学要深入研究社会经济发展不断对人才的知识、能力与素质提出的新要求，课程建设要能够及时反映社会需求和学科发展的新需求，要把在社会经济实践中积累的新知识、新成果、新技术及时引入课堂教学之中，防止教学内容落后于社会生产实践。为了增强学生的创新实践能力，在教学内容安排上要强化实践教学环节。为此，大学要加强学生的实习、实践基地的建设，加强产、学、研之间的密切合作。同时，采取各种有效措施确保学生专业实习和毕业实习的时间和质量。因此，强化专业实习和社会实践成为教学内容改革的重要环节，而不是把它作为正常教学内容之外的补充。为此，要构建切实可行的实习、实践模式和相应的优化考核方式。对于生产实习、毕业实习等重要环节，倡导集中与分散相结合、参观与实战相结合的实习、实践模式。根据实习目的和实习条件，尽可能安排学生到专业实验室，专门的创新、创业实践基地进行有针对性的实习和锻炼。也可以根据不同企业的生产情况和要求，让学生分批地、小规模地完成实习活动，做好对实践效果的考核。在考核方面，对实习、实践的成绩采取综合评定方式，譬如从出勤、实习状态、实习报告、实习单位评价和实习业绩等方面综合考察。

其次，创新教学方法和教学手段。要改革以知识传授为中心的传统教学模式，通过启发式教学、探究式或研究性教学和采用现代信息工具的教学手段等有效方法，实现从知识传授向能力培养的转变，探索以能力培养为主的教学模式创新。大学不仅要向学生开放各类实验室，为学生创新活动提供必要的实践基地、必要的设备和技术支持，而且要鼓励学生积极走进实验室、实习基地或创新实践基地，帮助学生寻找研究课题。总之，教学方法和手段创新的基本宗旨是实现在知识学习能力与应用研究能力之间的相互转换和相互促进。

三、经济社会需求引导应用型人才培养模式的发展

从目前国外高等教育人才培养的现状看，以追求“纯知识”为目的的“洪堡理念”早已经让位于服务社会的新观念。大学的功能除了传统的学术研究、专业训练、教学和文化传承外，还增添了支持经济发展、提高人民生活水平和服务社会等功能。从目前国内高等教育突出的问题看，伴随我国大学招生规模的不断扩大和高等教育的普及化，大学生“就业”压力突出。除了大学生就业率受到社会经济整体发展水平的影响外，我国高等教育人才培养质量也日益受到国人的关注，高等教育人才培养模式改革势在必行。我国人才市场急需服务于自主创新和转变经济发展方式的人才，这种需求导向是制定我国高等教育人才培养模式改革方案的基本指针。

（一）自主创新和转变经济发展方式对应用型人才的诉求

1. 经济社会需求与人才培养类型和结构

应用型人才规模较小，不能很好地适应经济社会发展对高层次应用型人才的迫切需求，必须调整硕士研究生教育的培养目标和定位，优化硕士研究生教育结

构，积极发展专业学位研究生教育。虽然这次会议讨论的主题是针对硕士研究生培养结构和培养模式的改革问题，但是社会经济发展的实际情形表明，研究生和本科生两个层次的人才培养结构和培养模式都亟须与时俱进，其中必须把高等教育的市场导向性落实到人才培养结构和培养模式之中，加快调整学科知识结构和课程结构，加大应用型人才培养力度，改变过去研究生以学术型人才培养模式为主的格局、本科生以专业化的学科知识灌输为主的教育模式，强调应用型和创新性的人才培养目标，从而使高等教育能够主动适应经济社会发展需要。

目前，尽管学术界关于高等教育人才培养类型的划分和界定存在争议，但是从学者们频繁使用的关键词上看，高等教育人才培养类型主要有两类：学术型人才和应用型人才。学术型人才是培养探索客观规律、理解“实在”的人才，他们的工作以学术研究或理论研究为主。从研究对象看，一些人才被称为自然科学家，而另一些人才被称为社会科学家。应用型人才是指在生产实践和社会生活中，把已经认识到的客观规律或基本原理转化为某种技术并直接创造社会财富的人才。学术型人才大多从事基础理论研究。在知识结构上，他们往往基于一个或多个学科知识体系，强调工作的学术性，重视学科知识本身的系统性、整体性、规范性和思辨性。在能力结构上，这类人才一般经历过系统的学科理论教育，具有较强的科研能力和创新能力。在素质结构上，这类人才更加强调理性批判精神。与学术型人才不同，应用型人才更加关注生产实践需要和问题导向。所以，在知识结构上，他们强调知识的应用性和新颖性，突出知识的复合性和跨学科特征；在能力结构上，突出发现问题和解决问题的能力；在素质结构上，强调适应社会、与他人和谐共处的交往能力。

从经济社会需求上看，学术型人才和应用型人才在分工上是相互依存的关系，在数量上有一定比例关系。一方面，学术型人才和应用型人才之间不是对立的，也不意味着孰优孰劣；另一方面，都是社会需要的必不可少的人才，共同推动着社会的发展与进步，满足着社会发展的各种需要。

2. 经济社会需求与应用型人才培养的任务

如果以经济、社会需求为导向，那么今天我国高等教育人才培养模式就会存在如下缺陷。我国传统的高等教育理念一定程度上存在重“学”（学问、科学）轻“术”（职业、技术）的倾向。因此，一些人片面地强调高等学校是学术性机构，认为高等教育的主要功能是不断地开展学术研究，培养学术型研究人员，为学术研究服务。很多学校仍按照传统的细分专业设置课程、组织教学，如果学生花费很大精力学习一些与现实脱节的、在未来的实际工作中没有应用价值的理论知识，这也是教育资源的巨大浪费。这种状况不同程度地存在于各个专业教育中，尤其以人文社会科学专业教育最为严重。另外，教学方法也不适应经济社会需求。教师对照本宣科的填鸭式或注入式教学方法轻车熟路，极大地排斥了一些新的教学方法的探索和运用，这导致学生不仅感受不到知识的鲜活性，反而对学习的厌倦情绪有增无减。这种教学方法使得相当数量的毕业生缺乏追求创新的责任感和使命感，不少学生陷入一毕业就失业的尴尬境地。

从人才市场需求出发，我们必须考虑到学生的意识、大学的功能和性质、高等教育体系与经济社会的其他组织制度的连接点等都在悄然发生变化，这就要求我们从根本上重视市场导向的大学人才培养目标。

转变高等教育理念、创新人才培养模式，这是一个系统工程，是我国大学转型的重要议题之一。为适应社会经济发展的新需求，我国高等教育应用型人才培养必须应对以下五个方面的挑战。

第一，高质量的供给不足和日益增长的大众化需求。这种矛盾给我国高等教育事业提出新的课题。它要求把应用型人才作为适应时代需求的人才培养目标。

第二，停留于传统的专业化教育，全面素质教育明显滞后。人才培养模式要适应现代社会经济、文化、科技、教育发展的需要，适应 21 世纪科学技术的迅猛发展。

第三，现有的“批量生产式”教育与个性化要求之间存在矛盾。创新型人才培养的关键在于激发学生的个性化发展潜能。这要求围绕创新意识和创新能力核心，满足学生个性化发展的培养模式。

第四，大多尚停留在传统的知识教育模式上，缺乏有效的能力培养机制。创新型人才培养模式必须着力培养学生的专业素质、创新能力、探索精神。

第五，应对信息化趋势。未来的高等教育必然是信息化的，信息化不仅仅是指数字化校园的建设，它还指建立多样化的校企合作实践平台，实现“学”“研”和“产”的一体化，以此构建一个良好的知识学习和社会实践平台。

（二）需求导向的应用型人才培养经验及启示

一般来说，市场化程度越高的国家，人才培养的需求导向性就越强，人才培养的应用型特征就越突出。因此，下面主要以市场化程度和市场机制完备程度较高的德国、英国、美国和日本为例介绍国外一些行之有效的教育经验。这些经验模式的生成和发展的基本动力就是应用型人才培养的需求导向。基于国外的一些教育，这里也初步探索一些适合我国国情的需求导向的应用型人才培养思路。

1. 需求导向应用型人才培养的国外经验

应用型科技大学办学宗旨是为各州的社会经济发展服务。与其他类型的大学相比，应用型科技大学更加强调理论联系实际，科学研究密切联系社会经济发展的实际需求，这类大学会根据区域经济发展、产业结构和市场需求变化适时地调整专业设置。应用型科技大学的专业多为工程技术类、经济管理类专业等，其内容设置突出实践和应用。

由于发达国家不仅拥有比较完善的市场制度，而且其大学拥有相当大的教育自主权，这确保大学能够自主地与企业之间进行富有成效的合作，制定市场导向性的人才培养政策，使学校、学生、雇主都能够积极主动参加合作教育，尤其是企业普遍愿意接受大学生前来实践。相比之下，国内“产学研”则处于学校热衷、企业冷漠的僵局，致使学生在企业的实习流于形式。目前，我国越来越多的高校已经深刻意识到，通过校企合作和课程体系改革，实现高等教育人才培养目标与社会需求的一致性，这不仅为社会培养大批高质量的应用型人才，也为自身发展奠定财政和智力基础。

2. 适合中国国情的“定单式”需求导向型人才培养模式

从上述三个高等教育大国的经验看，需求导向的应用型人才培养模式与本国国情息息相关，除了依据本国社会经济发展的实际需要外，各国的文化传统、生活方式、劳动力市场的法律制度、企业的经营管理规范等也是极为重要的影响因素。结合我国国情，一些高等院校已经在实践层面上探索了“定制式”需求导向型人才培养模式。下面从理论层面对这种模式进行归纳和系统化。

首先，确立基于市场需求的人才培养目标和培养理念。在人才培养理念上，中国传统的“传道、授业、解惑”的教育方针依然有效并值得进一步弘扬。作为知识生产者和教育机构，高等院校不能仅仅满足于完成传授书本知识的任务，锻炼学生的社会生存能力和培养学生回报社会的意识同样也是教育者的任务。

其次，由于人才市场的需求是变化的、多样性的和有差异的，因此顺应并鼓励学生的个性化发展有助于培养市场急需的创新性人才。因材施教是中国传统教育的基本方针，但我们对“才”的内涵理解一直更多的是偏向知识存量，对人才的个性化发展需求以及由此爆发出的创新潜力关注不足。目前，大学本科生教育基本上都采用标准化的课程教学。这种教育模式有其优势，也有其劣势。因此，在发挥标准化教学手段优势的同时，也应当引入差异化教育手段。两者不仅不是矛盾的，而且是相互补充的。差异化授课对促进不同学生正向的学习体验是有益的。

最后，通过校企合作构建市场需求导向型的人才培养方案。总之，在执行教育部专业规范的前提下，在专业方向模块中，强调以主流工作岗位需求目标为导向，嵌入企业实际需求的课程，强调现场教学和案例教学方式。在专业实践环节(毕业设计和实习)中，鼓励学生进入用人单位实习，学校应与实习单位共同指导毕业设计，把理论、实验、实习、毕业设计和就业等环节紧密联系起来。在这个教育平台上，校企之间在师资、技术、设备等办学条件方面也可以得到相互补充，实现校企共同参与教学与管理、学生毕业后直接到用人单位就业的良性循环机制。

第三章　校企合作与大学生的教育与就业

第一节　大学生教育改革与校企合作

学校是培养人才的摇篮，培养适合时代发展需要的人才是一切大学教育的目标，也是其不断教育改革的内在动力。我国当前正处在较为轰轰烈烈的教育改革过程中，既有国家层面上的改革，也有学校层面的整体改进及课堂内部的变革。在校企合作背景下，围绕职业人才培养与就业一体化的教育改革探索是一项长期的任务。

一、大学生教育改革

（一）大学生教育改革的必然性

大学生教育本身就是现代企业经济发展对教育影响的结果，可以说学校是时代经济的产物，培养适合时代发展需要的技术人才便是我国大学生教育的总体目标。我国的大学教育从无到有，经过了数十年的探索，目前已经进入了高速发展期，国家也提高了对大学教育的重视并大力提倡和支持大学生教育。为了使大学生教育更好地为快速发展的社会和企业服务，大学生教育正处于一场轰轰烈烈的改革过程中。这个改革既有国家层面上的改革，也有学校层面的人才培养模式和课堂教学内容和教学方式上的改革。

（二）对教育改革的正确认识

教育改革是存在一定的风险的，确定正确的方向，做到有的放矢，对于改革的成败具有关键意义。要做到这一点，不仅必须把握好改革的方向，还应该把握好改革的进程，积极参与改革，对改革中出现的错误苗头及时纠正，对改革中的细节仔细推敲，步步为营。

（三）大学生教育改革的主要方向

根据大学生教育的总体目标，我国确立了围绕大学生教育服务企业这条主线，并将校企合作作为当前大学教育改革的主要方向。校企合作作为大学教育体制改革的重要内容，是大学教育与科研、生产相结合的必然趋势，也是高等学校发展为社会服务的客观要求。“所谓校企合作，说到底就是使大学教育与社会企业生产有机的融合，在利益一致的基础上形成相互依存、相互促进、优势互补、密不可分的有机整体”。

二、校企合作的主要模式

目前，对我国各地院校开展的校企结合模式统计，大概有“订单式”“校企联合式”“工学交替”“产学研合作式”“校企互动式”培养模式等多种形式。

（一）“订单式”培养模式

订单式培养模式是指企业根据岗位需求与学校签定用人协议后，由校企双方共同选拔学生，共同确立培养目标，共同制定培养方案，共同组织教学等一系列教育教学活动的办学模式。订单原指企业采购部门向原材料、燃料、零部件、办公用品等的供应者发出的定货单。与此类似，订单式培养是高校根据用人单位提出的用人需求培养计划委托，专门为特定企业培养人才的方式，在高校中俗称“订单班”。

“订单式”培养对学员和家长最具有吸引力的是学员与企业有直接联系，学习期间可以有针对性地学习，毕业后可以直接到对口企业工作。“订单式“培养模式中，高校把人才培养主动权交由企业，让企业制定人才培养规格，课程设置，甚至是培养方式。订单培养能最直接表达企业对人才培养的规格和具体要求，直接参与教学的全过程。订单式培养方式是一种实际的人才培养与就业一体化方案，实现了从学校到企业的零距离对接。“订单式”培养模式适合跟一些用人需求量较大，且数量比较稳定的企业之间实施。

（二）“校企联合式”培养模式

“校企联合式”培养模式也是目前很多大企业参与办学的主要模式之一。“学生最后一年的培养从学校迁移到企业顶岗实习，毕业设计和论文写作是在顶岗实习中由企业师傅指导完成”。“校企联合式”经过演变，现在很多高等院校总结为三段式，即第一年学（理论）基础，第二年学专业技能，第三年顶岗实习，此与以前“文化、理论、实习”笼统三段式划分有显著区别。其特色在第三年顶岗实习上，对于学员来说，正好是一个与实际工作适应磨合的过程，使这些学子真正完成了角色转换。

（三）“工学交替式”培养模式

“工学交替”是一种半工半读的校企合作教育的模式，由学校与企业共同制定人才培养方案，学生在学校学习理论，实践学习到企业，两者根据需要可以相互交替进行。它是在学制内将每学年分为学习学期和工作学期，工作学期学生到企业顶岗实习，学生在企业实习期间，赚取工资交来年的学费以完成三年的学业，并拿到文凭，毕业后直接到企业参加工作。这种模式首先是在政府有限的资金资助下，对贫困地区的学生进行头一个学期的经费支持，尔后通过与企业合作，学生依靠自己实习劳动所得，解决学习期间的大部分学杂费、生活费及其他支出。

（四）“产学合作式”培养模式

“产学合作”是我国最早提出的校企合作方式，企业合作的对象包括科研机构，所以有时又称之为产学研合作。我国的大学教育建立之初就提出产、学、研发展格局，在高等院校出现之前就在全国推广。产学研合作通常以企业为技术需求方，以科研院所或高等学校为技术供给方之间的合作，其实质是促进技术创新所需各种生产要素的有效组合。产学研合作目前多被综合性、研究型大学采用，这种合作方式涉及学生的成分相对较少，主要在企业和研究人员之间对接。

（五）“校企互动式”培养模式

“校企互动式”人才培养模式即“学校与企业共同担任人才培养的主体，发挥学校和企业人才培养‘双主体’的地位和作用，把企业的主体作用作为学校发展的一个重要要素，企业承担人才培养的另一半作用，体现了企业的社会责任。“校企互动式”培养中，很多企业把生产场地帮到了高校里面，由学校提供场所，企业提供设备和生产原料，参与教学计划制定，并从企业选派专业技术人员指导学生学习。

三、校企合作对大学生教育改革的意义

校企合作是我国目前高等教育的重要尝试，对于我国大学生教育的改革、发展具有重要的理论意义和现实意义。大学生教育为社会服务，一方面将低级劳动力资源转化为专业技术人才，让他们能够依靠自己的劳动获得生活资源，具有社

会意义;另一方面,大学生教育为市场经济下的企业提供大量的生产技术劳动人才,满足企业发展的大量人才需求,这是另一种社会价值。校企合作是实现大学生教育价值的一个有效方式,可以取得三方共赢的结果。

(一)理论意义

校企合作是我国高等教育理论探索创新的阶段性成果,深化了我国高等教育理论。我国的大学生教育理论发展分为几个阶段。第一是关于大学生教育该不该办的研究;第二是相对于一般的大学教育的优势和特点;第三是现阶段关于大学生教育该如何办的研究,主要集中点是校企合作中技能人才培养制度(模式)的创新。

(二)现实意义

利于大学生教育改革深化。一方面利于高等院校调整优化专业结构,优先发展高新技术类专业,大力发展面向新兴产业和现代服务业的专业,停办或撤销不适应社会和市场需求的专业;另一方面利于高等院校调整深化教学内容和课程体系改革,努力构建和形成适应职业岗位知识和能力需要的、满足学生就业和个性发展多元化需求的课程体系。

缓解大学生教育投入不足。我国高校众多,教育部门每年的投入相对有限,经费的欠缺大大影响了大学生教育的发展,大力推进工学结合、校企合作的人才培养模式,可以广泛吸纳社会、行业和企业的资源进入高等人才培养事业中,缓解国家对大学生教育投入不足的问题。

帮助大学生顺利就业。就业是检验高等院校办学的核心指标,校企合作可以实现学校与企业的紧密结合,人才培养与用人标准之间的零距离,学习与就业的零距离。因此,高等院校校企合作人才培养和就业一体化研究有利于帮助大学毕业生顺利就业。

解决企业招工难的问题。我国是制作加工大国,企业需要大批适合岗位的技术员工。因此,虽然我国的劳动力资源丰富,但是由于就业人员的思想意识滞后,信息流通不畅,加上有关部门引导不及时,导致很多地方出现用工荒。通过校企合作,可以实现人才培养和就业的有效对接,可以有效解决学生就业的问题,也很大程度上避免了企业招工难的窘迫。

四、高等人才培养与就业一体化的提出

人才培养与就业一体化是大学教育的基本要求。不管是从国家的层面还是个人的层面，大学教育目标的最终实现都落实在就业这个实质性问题上。从实践的角度狭义地说，培养的学生能顺利就业，就意味着这个教育是成功的教育，是国家和社会需要的教育。综上所述，人才培养与就业一体化是包括大学生教育在内的大学教育的内在要求。

校企合作为高等人才培养与就业一体化提供了良好的条件。企业是高等教育的最终服务对象，企业也是高等院校毕业生的目标去向。因此，企业是连接大学生教育起点和终点的纽带，离开企业，大学生教育就是闭门造车，或许根本就失去了意义。因此，接近企业，与企业深度融合是发展大学生教育的内在要求，校企结合正是实现这一要求的一条有效途径。校企合作为高等人才培养与就业一体化提供了良好的条件，院校根据企业的用人需求定制人才培养计划，可以实现定向定岗培养，培养出来的毕业生直接投送到对应的企业，对应的岗位。这是一项多方共赢的策略，但如今的现实中却存在不少问题，我国很多高等院校实行校企合作才刚刚开始，对于学校、企业、学生三者的关系中还有很多突出问题亟待解决，这可能是一个较长时间的探索过程。这也是本研究的着眼点所在。

第二节　校企合作双方在人才培养与就业上的共性与异性

一、校企合作双方在人才培养和就业上的共性

（一）培养目标的一致性

高等院校与企业是否具有合作的基础根基，取决于高等院校与企业的目标是否一致，这个一致性的程度到底有多深。改革开放以来，随着社会经济和科学技术的迅猛发展，为了适应经济社会的发展，使受教育者德、智、体全面发展，并具有良好职业道德和熟练操作技能，成为合格的技术人才、管理人才是高等职业教育确定的目标。

高等人才培养和就业的一致性是由高等教育的目标和特点决定的。高等院校毕业生的就业方向主要为企业生产、建设、管理、服务一线，这是由高等教育的

定位决定的——是为社会的发展培养技术技能型人才(本科人才培养目标为:高层次、综合性、高素质、复合型人才)。到企业一线去,是高等院校毕业生的主要就业方向。高等院校与企业合作培养技术人才,一方面资源结合互补;另一方面可以贴近企业切实需求,这样不仅提高了人才培养的精度和效率,也缩短了技术人才与企业对接的距离。

(二)市场导向的一致性

随着经济全球化发展,人才与科技已成为竞争取胜的决定因素。目前我国的企业已经显现出人力资源匮乏,人才结构不合理,人才素质低和创新能力不足等一些问题。跨国公司在实施全球化战略中,已将招募人才提升为企业“第一要务”,不断创新人才理念与战略。企业保持持续稳定发展,人才是主要因素,人才储配不可缺失。

以区域经济发展与产业结构调整为目标,加快工学结合人才培养模式改革的速度,培养适应企业需要的应用型人才,以适应区域经济和社会的人才需求,以求得自己作为高等教育一种类型的发展空间与历史地位,已成为摆在高等院校发展面前的一个重大课题,校企合作是实现这一目标的必由之路,也是目前面临的亟待突破的难题。

(三)工学结合的一致性

工学结合指工作与学习交替进行——大学生在校期间不仅学习而且工作,半工半读。工学结合的意义:首先指学生在校理论学习和到企业进行实践学习两种方式交替进行;其次是人才培养工作由学校和企业协助完成;最后是高等院校根据企业具体要求培养技术人才,企业则可以从院校获取适合自己的技术人才。

工学结合从学生的角度是一种学习模式,从院校的角度是一种教育模式,从院校和企业共同的角度看是一种具体的合作执行模式。工学结合是我国现阶段高等院校普遍采用的人才培养方式,这种方式涵括了学生、高等院校以及企业三方主体,使三方的利益和需求结合,形成高度的一致性。

(四)政策导向的一致性

虽然现阶段我国高等校企合作方面还存在政策和法规不完善的问题,在校企合作的管理规章制度、具体的鼓励和优惠政策等很多方面没有详细的条款,全国各地对校企合作的推进力度差异化明显，导致各地企业参与的热度不一样，各地的校企合作发展不均衡。但是，各地政府部门对于高等院校企合作非常的关注，在逐步落实对校企合作给予政策优惠，为校企合作提供指引、解决实际困难和后顾之忧。

二、校企合作双方在人才培养和就业上的异性

校企合作是社会经济发展到一定程度教育和企业发展进一步结合的必然要求，内在的一致性是校企合作的基础和动力。但是，也应看到，在现实实施的层面上，确实还存在很多的问题。这些问题正是校企合作双方在人才培养和就业上的异性导致的。因此寻找差异，分析差异，协调差异是不可避免的工作。

（一）身份的差异性

身份指人的出身和社会地位，不同的身份具有不同的属性特征，具体表现为不同的意识形态和文化精神，遵循不同的道德行为规范准则。从身份特征来看，学校和企业是具有不同身份的。按照我国的划分，学校属于事业单位，公司属于企业单位。

（二）体制环境的差异性

院校和公司体制环境的差异导致各自的行为和目标的不一致。院校以追求社会效益为目标，接受教育主管部门的统筹管理，必须按领导部门的规章办事；公司以经济效益为首要目标，只要求在公司法的框架下运营，其经营活动具有较大的自由度。这种体制环境的差异会导致校企合作必然受较多的束缚，按章办事让公司在合作中失去了灵活度，另外，繁杂的报批审核手续也往往让企业望而却步。

（三）利益诉求的差异性

学校是以执行政府职能、服务公益为主旨的公益性事业单位，从事教育、科技、文化、卫生等活动的宗旨是为社会服务。我国的学校以公办为主，由全民出资，国家依据有关法律统一管理，学校人员实行事业编制，人员的全部工资来源国家专项财政拨付，旱涝保收。我国的企业有国有、民营、以及合资多种形式，但是无论何种类型，都是以生产经营为主要活动，盈亏自负，独立核算，多赚多得，这些决定了企业追求经济利益最大化的特征。

利益诉求的差异性是阻碍校企合作的最主要因素。企业虽然需要高素质人才，但它仅将高素质人才作为赚取利润的工具，在成本最小化的原则下，他们更倾向于在市场上获得人才，而不对人才培养进行投资。与企业合作是高等院校的性质和任务决定的，是高等院校实现其目标的必然要求，但并不是所有企业都愿意与学校合作。

(四)市场走向的差异性

传统教育思想影响下，多数企业认为培养人才是院校和政府的方面的责任和义务，基本缺少参与人才培养的意识，这也直接导致了校企结合只是教育部门一厢情愿，企业不为所动。同时，与国际上的跨国企业相比，由于国内大部分企业尚处于初级生存竞争阶段，对人力资源的发展与储备尚未纳入自己企业的发展战略中，普遍忽视员工的教育和培训。

目前国内绝大部分企业作为市场主体，由于缺乏完整的产业链与自身清晰的专门化发展，企业发展尚处于艰难的生存竞争状态，只对能立即带来市场利益的产品开发和生产技术感兴趣，没有把培养人才之责任纳入企业的社会价值考量中去。

这与我国企业所处的层次有相当的关系，这是内在原因。我国多数企业还处于生产底层的加工代工层面，技术要求相对简单，对人才的认识度不高，也无人才培养储备计划，因而对校企合作的热情不高。加上中小企业资金也是比较缺乏，这些问题阻碍了高等院校校企合作的开展。

第三节 校企合作下大学生人才培养模式中的现实问题

一、人才培养模式的内涵

“培养什么样的人”是人才培养的核心，既是出发点也是终点，是考察人才培养模式的要点所在，其他的问题都是围绕人才培养这个中心。后面的培养体系的构建包括教育组织体系和结构、专业设置、课程体系和结构、教学模式、教学方法和手段、培养途径以及相关制度和评价体系等就是基于“培养什么样的人”这个出发点。

为适应社会和经济的变化需求，高等教育发展要求不断对人才培养模式进行革新。高等人才培养模式改革的主要任务是根据市场变化，企业用工标准的变化，以及目标就业岗位的技术变化进行形式、标准、范式、结构以及思想体系的变革。

二、人才培养模式中的现实问题

高等教育是教育适应经济社会发展的产物。高等教育近十年来发展迅速，与国外成熟的人才培养模式和就业体系相比，我国的高等教育总体还处于探索阶段，发展过程中出现很多还未来得及解决的问题，存在很多的困境。

(一)单方进行培养，围墙式办学

单方进行培养，围墙式办学是当前高等院校的人才培养困境之一，这其中既有历史因素，也有现实因素。

我国的很多院校多数脱胎于计划时期，思想意识转变缓慢，传统的教育思想还在继续发挥影响。计划体制下，人才培养被看作是学校单方面的职责，社会其他行业和组织甚少参与过问，最终造成学院单方面培养人才，实行围墙式、封闭式办学。单方进行培养，围墙式办学存在的最大的问题是和经济发展和生产实际的结合远远不够，总体上说还在走学校自我循环、自我服务的道路。

除了历史原因，造成我国高等院校单方人才培养，围墙式办学的现实原因是我国对人才培养的社会性意识淡薄，表现为企业对于人才培养的参与积极性低，国家在支持和引导企业参与人才培养方面的鼓励政策、管理制度不完善。其实，在高等教育层次，校企合作具有很强的内在动力，但是现实中，院校表现急切，而企业却因为难以确保投资收益往往迟疑不前。这些原因，综合造成了目前的高等院校还是单方进行人才培养，围墙式办学的困境。

(二)专业设置同质化

当前存在的大学毕业生就业难题，实质上是人才培养与社会需求之间的结构性矛盾，迫使我们高校工作者不得不反思专业设置、课程设置、人才培养模式是否建立在充分认识人才市场、科学预测需求的基础之上。高校长期以学科本位为培养目标，重知识灌输、轻能力培养，高校毕业生缺乏工作经验和实际操作能力，也导致其“人职不匹配”,与市场需要的不适应。因此,有学者指出,由于当前本科教育层次的下移,加上中、高等之间同专业培养目标在层次上区别不明显,把高等培养目标定位于高技能人才之后,容易造成不同教育层次之间在专业课程、培养模式方面的雷同。

(三)双师队伍建设滞后

在高等院校的师资队伍建设中,双师型教师队伍建设已经成为高等师资队伍建设的方向,是高等教育教学质量的关键。双师型教师概括为两种:一是“双职称型”,在获得教师系列职称外还需要取得另一职称;二是“双素质型”,即教师既要具备理论教学的素质,也应具备实践教学的素质。

双师型教师是高等教育对专业课教师的一种特殊要求,即要求专业课教师具备两方面的素质和能力:一要类似文化课教师那样,具有较高的文化和专业理论水平,有较强的教学、教研及教学能力和素质;二要类似工程技术人员那样,有广博的专业基础知识,熟练的专业实践技能,一定的组织生产经营和科技推广能力,以及指导学生创业的能力和素质。

(四)校企利益难协调

校企合作表面上是一件双方受益的事情,但是在执行过程中,企业往往处于劣势地位,其权益无法确保。在市场经济环境下中,最求利益是企业的根本目标,就算是投资人才培养对企业来说也是要讲究回报的。教育投资有一个特点就是投资大,周期长,见效慢,鉴于以上因素,企业参与教育的积极性就不太高。

利益共赢是合作的基础,也是校企之间保持持续稳定关系的关键所在。如前所述,当前校企合作在利益分配上还没有完全协调好,影响了企业参与的积极性。如果在校企合作中,学校和学生能做出一点让步,比如学校能够为参与校企合作的企业争取一些减税政策,就业补贴,学生在学期期间对补贴要求降低,这样的话一定程度上可以调动企业的积极性。

(五)政策导向作用不强

我国在政策指导上还停留在口号层面,很多地方表态大力支持高等校企合作,但真正有诚意的还是少数。调查中发现,一些经济相对发达,用工需求量大,招工困难的地区，校企合作实施的相对较好。原因是经济发达地区的企业对人才有更为迫切的需求性；政府部门也更能意识到人才对企业发展、经济增长的重要性，因此政策层面的导向也更多一些，力度更大一些。

(六)理论研究不够完善

人才培养模式是高等教育发展过程中需要长期的研究的问题，不同的历史时期，可能要有不同的人才培养模式，这是由教育为社会和经济服务的宗旨所决定的。高等教育作为我国新社会经济环境下高等教育发展的产物，本身存在的时间也不长，各方面的理论研究和经验总结还不及时，存在很多的空白。总体来说，对于校企合作的研究，目前已经从该不该做的研究层面逐渐转移到如何做，怎么样才能更好的、更为具体的研究中来。但是这方面的研究也还只是开始，处于摸索探索阶段，稳定有效的制度没有形成，具体实施方法方面的总结也还比较欠缺，这些种种方面，都亟待研究并形成完善的理论指导。

第四节　校企合作下大学生就业模式中的现实问题

一、就业模式的内涵

就单个对象的就业来说，就业是一个比较复杂的问题，涉及的要素也很多，依次包括“个人就业观念、意愿、就业地点、薪资期望要求、工作环境、专业与岗位匹配、发展前景、对工作的适应性和满意程度，以及家庭和社会的认同程度等多个方面”。如果抛开特定时间和地点去谈就业，这些要素中很多都是难以定性的。因此，本文讨论的是高等毕业生初次就业时的状况，将专业对口度、薪资水平、个人满意度作为主要参考指标。

二、就业模式中的现实问题

(一)就业供给与需求不平衡

众所周知，我国高校多年连续扩大招生，高校毕业生数量猛增，在一定程度上超过企业可提供岗位的增幅，加上不同专业的毕业生数量与市场需求之间不平衡,成为促成当前大学毕业生就业难的主要原因。其实,问题的所在不是人才资源的过剩,而是人才分布的不平衡,国家没有及时正确引导,导致某些专业的人才需求与岗位增长出现脱轨现象。

(二)传统就业心态的影响

不可否认,包括高等高专在内的多数高校毕业生就业意识依旧存在局限,受传统观念的影响较大,具体表现在安全心理、求闲心理、从众心理、求名心理等特征。根据麦考斯的就业调查,有些高等院校毕业生出于安全稳定的考虑就业时往往选择国营大、中型企业,调查结果也是超过44%的学生就业意愿在事业单位和国家机关工作。还有一些高等院校学生认为自己都是大学生了,不愿去生产一线干那些出力多,挣钱少的基础岗位。调查中还发现一个普遍现象,就是一部分高等学生的就业信心不足,觉得面对本科毕业生没有优势。

在多种传统观念影响下,高等院校毕业生择业观一方面期望工作稳定,薪资高;另一方面又面对社会竞争缺乏自信,毫无信心,表现为盲目、焦虑、自卑、懈怠等。这种矛盾的就业心理极大程度地削弱了高等毕业生的就业能力。

(三)就业机制的单一低效

我国的高等院校基本上是由计划时代的中专和职业高中转变过来的,很多院校甚至还没有专门的就业指导部门,依靠的是单一政府设立的公共就业服务平台提供低效的服务。高等院校入学门槛现在已经很低,大量的学生涌入院校,加上更高层次的院校毕业生向下挤压,使得高等毕业生就业雪上加霜。高等院校的职责就是为企业培养技术人才、往企业输送人才,因此做好毕业生就业工作是高等院校不可推卸的责任和义务。

(四)人力资源市场的不完善

高等教育与人力资源存在着密切联系,健全与完善的人力资源市场是确保高校毕业生顺利就业的基本条件。目前,世界范围内刚刚经历了一场大规模的经济危机,欧美国家经济出现倒退或是停滞不前,消费能力下降,大大影响到我国的产品出口,在此影响下,我国经济也受到一定冲击,继而冲击我国的高等院校乃至整个高等院校毕业生的就业。

第五节　校企合作下大学生人才培养与就业一体化的要求和建议

一、校企合作下高等人才培养和就业一体化的目标

校企合作下高等人才培养目标就是培养适合社会经济发展需要、企业生产需求的高技能型人才，并确保毕业学生进入相应的岗位。

(一)校企合作下高等人才培养目标

高等教育以培养社会生产领域的一线高级技术生产人才、职业型管理等各型人才为目标——高等教育的基本目标。校企合作已经确定为我国高等教育发展的方向，其在人才培养中具有不可替代的作用，能够帮助高等院校又快又好地培养人才。校企合作下高等人才培养目标包括以下几个方面。

高质培养。人才培养质量是高等院校生存的生命线，校企合作要以培养高质量人才作为目标。高等院校与企业直接对接，可以强化人才培养的高度适用性，在企业技术专家和人力资源专家的指导下制定的培养计划、教学大纲乃至课程和教材，有助于培养社会所需的高素质专门人才。

高效培养。实践是技术人才培养的最佳途径，校企合作可以缩短技术人才的培养时间，提高培养效率。校企合作的一个重大优势就是实践环节，企业提供一个真实环境的实训环境，有利于快速全面提高学生的职业素质，最终达到学生满意就业、企业满意用人的目的。对于学员来说，通过实训，一方面可以增加实践经验；另一方面，可以降低就业的成本和风险，增加就业的机会。

精准培养。高等院校为企业服务，关键是要精准培养企业适用急需的技术人才。校企合作可以让用人企业根据自身需求和标准培养自己的人才，做到有的放矢。

(二)校企合作下高等人才就业目标

实践证明，校企合作是解决高校毕业生就业的有效途径，校企合作下高等人才就业目标包含以下三个层面：

完全就业。校企合作的企业方一般具有大量的用工需求，校企合作培养人才

具有较强的针对性,培养出来的学生可以直接适应企业的需求。校企合作一定程度上就是企业的人才定制,培养多少人,培养计划和时间,基本根据企业需要制定。因而在这种定制、定向培养模式下,毕业生入学则就业,只要能按标准毕业,就能实行完全就业。

合适就业。我国高校毕业生就业的一个明显特点就是就业后流动性很大,这种状况一方面不利于个人的稳定发展,也不利于企业的发展,更高的层面上也不利于社会经济的发展,还可能造成众多的社会矛盾。校企合作模式中的订单式、定制式人才培养则可以有效解决毕业生就业与专业不对口的问题,进而也就有效缓解了以上提到的种种问题。实现合适就业要求,校企双方认真沟通考虑人才培养的系列问题,以做到培养的人才、企业用人要求、学生就业意愿完全一致。

高质量就业。高质量就业是指就业个人与企业用人需求高度切合的就业状况。高质量就业是从学生就业的角度来说的,但是高质量就业涉及多方的利益,包括社会、学校、企业和个人。高校毕业生能实现高质量就业是社会和个体追求的目标。高质量就业是一种社会人力资源优化配置的表现。校企合作下高等人才的就业要以高质量就业为目标,只有做到高质量就业,企业、学校、学生个人才能获得最大的收益。高质量就业是校企合作下毕业生就业的最终目标。

二、校企合作下人才培养与就业一体化的总体要求

(一)营造合作环境,促进深度融合

校企合作的模式,合作的深度和广度对合作背景下的高等人才培养和就业具有直接关系,同时社会(特别是学生及其家人)对校企结合的认可程度,以及教育管理部门,人事管理部门给予校企合作的政策自由度也都会极大地影响校企合作以及校企合作下的专业设置、课程模式、教学设计、教育方法、师资队伍组成、培养途径与特色、实践教学等各部分和环节。因此,营造积极宽松的合作环境,特别是政策环境,对于促进校企深度合作,进而带动人才培养和就业的发展改革具有重要作用。

营造良好的校企合作外部环境,是促进校企顺利合作、深度合作的关键。校企合作的环境包括内部环境和外部环境,内部环境主要是学校和企业对合作的内在需求,外部环境主要有社会意识、规章制度、行为准则等。

(二)按照市场机制,多方互惠共赢

实行校企合作的人才共同培养方式是解决我国企业专业技术人才紧缺问题的有效途径,是一种新的教育思维,实现了学与用的统一,保障了学生的有效就业。

协调处理好校企双方的利益是保证校企合作顺利进行的关键,建立好的利益共赢机制才能为校企合作提供持续动力,才能确保校企合作的长期、稳定、良性发展。

校企合作要遵循按照市场机制,实现多方互惠共赢的效果。校企合作是高等教育与企业发展的内在要求。高等院校与企业合作培养人才,是为了节约投入,利用企业资金和设备建设实训基地和科研基地,同时为毕业生就业找好婆家。企业与高等院校合作培养人才是利用院校优质教学资源开展企业员工培训,开展合作科技攻关和技术创新,享有校企合作带来的税收减免等政策优惠等。因此,做好校企合作,学校和企业各方都能在获取自己的利益。

(三)紧贴企业需求,创新人才培养

高等教育校企合作人才培养模式要从区域经济发展和企业用人实际需要考虑,根据用人企业人才需求标准开展人才培养教育教学工作。紧随市场变化,以企业需求作为校企合作定位点。在人才培养过程中做好三个衔接,实现三个零距离目标。三个衔接指专业设置与企业人才需求衔接,人才培养规格与企业标准衔接,知识技能培养与目标岗位能力衔接。三个衔接的考核标准就是三个零距离目标:实现企业需求的零距离,实现企业用工标准的零距离,实现学习实践与实际工作环境的零距离。

校企合作是对现有教育体系和创新人才培养模式的革新。校企合作可以实现优化人才知识结构、提高人才综合素质、增强创新和实践能力。院校和企业联合设立订单培养,面向企业需求对学生进行针对性的培养。这样不仅为企业培养了实用人才,还保证了大学生毕业就业率,是专业人才培养模式的全新探索。

(四)坚持就业导向,优化就业机制

在传统高校教育理念和长期计划经济的影响下,“以就业为导向”的教育理念很难得到广泛认可。很多教师认为校企合作、工学结合等教育模式是有悖高等教

育培养人才的意义，认为这些教育模式不利于学校的教学与科研的发展，因此，不能积极参与到校企合作实践中去。

实行校企合作的高等院校可以深入了解企业的用工需求情况和对毕业生能力、素质要求，瞄准高等的就业岗位，紧紧围绕用工企业的需要进行培养，采取一切措施做好学生的就业教育工作，切实转变学生的就业观念和就业思想，制定就业战略，健全就业保障制度，完善就业体系，高质量地解决学生就业。大力推行订单式培养就业机制模式。订单式培养可以让企业参与到培训全过程，目标明确，培养学生时，学校的课程设置、技能训练、到岗实习等方面更有针对性，使企业和学生有更多的交流和沟通，相互了解。在人才培养过程中可以提前灌输企业文化，加深学生对于企业的认识，使学生的学习紧跟企业的生产需要，从而精准地培养出符合用人企业标准的人才。

（五）加强理论实践总结，及时推广

改革创新离不开理论的指导和实践的检验，加强理论实践总结，及时推广是一项不可忽视的工作。一些富有探索精神的高等学校已经在多年的改革中通过对自身经验的反思总结出一些探索的理论。

总结研究我国高等院校校企共同培养技能型人才取得的最新成功经验，并加以宣传推广，以便各地高等院校能参考和共享改革创新的经验成果。我国高等教育发展在校企合作实践方面已经取得了一些不错的效果。

及时对国内外高等教育校企合作的最新理论成果和实践经验加以归纳总结，以便为我国今后的高等教育校企结合以及合作背景下人才培养和就业方式提供理论支持。

三、校企合作下人才培养与就业一体化的一些建议

（一）建立科学有效制度

所谓制度就是指大家必须共同遵守的办事原则或行动准则，也包括法令和礼俗规范等内容。制度是社会意识的高级形态，制度必须与社会生产力和经济的发展等相适合，好的制度能促进事物的发展，陈旧的制度则阻碍事物的发展。鉴于目前校企合作涉及到社会、企业、学校和学生等多方面的利益，且是一个较长周期的过程，设计科学有效的制度是推动和确保校企合作良性发展的根基。因此，本

文认为制度改革是第一要务，改革应注重以下几个方向：校企合作的政策引导。国家和地方各级政府在法律允许范围内制订出台校企合作的鼓励政策和具体实施条例，对合作企业给予政策性支持（例如给予相应税收优惠），引导更多的企业加入到高等职业院校的人才培养中去。

保障合作企业的利益。校企合作表面上是一件双方受益的事情，但是在执行过程中，企业往往处于劣势地位，其权益无法确保。从企业的角度来看，校企合作的意义是为扩大或维持生产进行的人才培养而进行的投入。这项投入还是比较大的，一般情况下企业需要建设实训平台、还要抽调人员力量，这样一来必然对本企业资金的运作和正常的生产具有一定的影响。如果企业不能从这个项目中真正获得人才，那这项投资是失败的。目前的情况是学生在学习期间的劳动能力有限，学成以后又往往流失。这样一来企业的投资无法确保合理的回报。鉴于以上情况，应在制度层面保障合作企业的投资利益。

学生就业的切实保障。学生在校企合作中本该是最大的受益者，但是现在有些学校和企业相互联合，借合作之名巧立名目向学生收取超额费用，严重损害学生的利益；除此，一些所谓订单培养，入学即就业也是个幌子——学生毕业后被安排到跟专业毫不相干的行业或岗位，薪水甚微。

给予院校宽松的环境。高等院校在校企合作中看上去是百利而无一害的，但是从目前的情况来看，也是有一些问题。比如在人才培养方式和专业设置上必须严格遵照教育主管部门的规则，还有就是审批手续太过繁杂，这些也会影响校企合作的进行。

纲举则目张，改革创新，制度先行。总之，建立科学高效的制度是推动校企合作，确保人才有效培养和就业的根本。

（二）培养模式多样结合

我国高等校企合作培养中常见的人才培养方式主要有：

企业进校直接参与教学，实施方法是企业在校内建设实习基地、提供设备和原料，直接参与课程设置和教学计划的制定，参与专业课教程的教学；

学校负责理论教学，企业提供实习岗位，承担实践教学；

工学交替方式，分段式教学，学生一部分时间在学校学习，另一部分时间在企业实践，两种方式在时间上交替进行，劳动和教学交替结合；

订单培养，学校按照企业计划需求定向培养人才，合格毕业生直接输送到相应的企业就业。

上述合作人才培养方式各有各的好处和优势，校企相应的合作层次深度也是各不相同。其中企业进校直接参与全程培养的层次最高，企业投入也是最大的，不适合小型企业；订单合作的层次最浅，投入也是最少，适合所有企业。为了大面积在高等院校实行校企结合，各类高等院校可以根据企业实际情况提供多种人才培养模式以便搭配选择。

（三）革新人才培养观念

改变高校传统人才培养模式和教育观念，高等人才培养以服务区域经济、企业、市场急需为导向。我国的高等院校也是从传统高校分离和发展出来的，人才培养模式和观念上大多援用传统，按学科培养人才，强调理论深度和专度，对应用能力，岗位综合技能培养等方面则无能为力。

（四）改革企业用工方式

我国企业人才的获取主要是通过人才介绍服务中心、交流会等场合获得，这种人才获取方式事实上具有很多的蔽障，典型的状况就是“双方并不是很了解”，因此就很难做到合适就业和高质量就业——这也是我国企业人才流动率高的根本原因之一；除此之外，这种就业方式一方面滋养高等教育的“大锅饭培养形式”；另一方面逐渐让企业失去参与人才培养的意识。

对企业目前的用工方式的升级变革，建立基于职业资格证书的双向选择模式是推进校企合作的有效方法。具体做法就是高等教育与职业等级结合，学生在毕业时获得国家各种职业从业证书，企业技术用工将职业资格作为重要依据，国家政策在这方面加以导向扶持。建立就业资格准入制度可以有效促进高等院校的课程设置与企业实际需求融合，调整学生的素质和能力结构，提高实际从业能力水平，也可以更加规范我国的劳动力资源市场，从而达到合理配置劳动力资源的效果。

（五）专业设置灵活自由

高等院校的专业建设要遵循企业（特别是合作企业）的生产经营规律，将学生职业能力培养和学校人才培养定位结合。高等院校应充分听取合作企业的意见并调研专业对口行业和区域经济发展的趋势和对人才知识的要求有差别地设置专业方向，打造特色专业。

第四章　校企文化融合下的大学生教育外部性分析

第一节　校企文化融合与大学生教育外部性概述

一、校企文化融合

校企文化融合是现代高等教育中出现的时代性特征。它是推进高等教育外部性的重要手段，是高等教育与企业生产相融合的最佳切入点。它反映了高等教育的大众化、平民化，也反映出企业人力资本需求观的改变，重视了综合素质型人才的需求。校企文化作为校企合作的基础性文化，主要包括两方面内容，即企业文化和校园文化。

(一)企业文化的含义

企业文化自从20世纪80年代引入我国后，经过了消化吸收、移植培育、改革与发展，其形式及内涵得到了提炼升华。因此，在国内外知名企业里，企业文化已成为企业确定战略目标、价值观念、精神协作，弘扬企业道德与风尚，制定企业行为规范，塑造企业形象的一项艰巨而伟大的工程。但是，由于我国地域辽阔，行业众多，企业之间存在着物质、文化、思想认识等诸多方面的差异，企业文化开展的效果也不尽相同。不管差异的大小，现代企业普遍认识到一个好的、优秀的企业文化能给企业未来带来潜在商机和良好企业声誉。在现代企业文化中突出了以人为本的“人本思想”管理思想。即要办好企业的同时，也要重视人的培养并发挥其作用。具体来讲，企业文化的内涵，从宏观来讲应包括精神文化和物质文化两部分。从微观来讲，则精神文化应包括企业价值观、企业精神、企业道德、企业法制、企业民主意识、企业政治宣传、企业心理等方面；物质文化应包括企业行为、企业制度、企业物流、企业管理、企业营销、企业公关、企业形象等。企业文化的内涵应始终贯穿在企业经营活动中所应有的价值理念，即经营性文化，企业在管理活动中所应有的价值理念，即管理性企业文化，企业在体制运转中所应有的价值理念，即体制性企业文化三者之中。总之，企业文化是文化、经济和管理相结合的共性产物，集企业生产、经营管理、人才培养、人文精神、企业竞争力等多种文化的凝聚。目前，较为认可的企业文化定义是“企业文化是社会主义文化体系中的一个有机的重要组成部分，它是民族文化和现代管理意识在企业内部的综合反映和表现，是民族文化和现代意识影响下形成的具有企业特点和群众意识，以及这种意识产生的行为规范”。此概念的提出标志着企业文化的建设与教育紧密相关，形成共识，达成合作，寻求共同性价值观、形象观、精神观、风尚观和知识观。

（二）校园文化的含义

我国的校园文化是从20世纪80年代中期开始发展，在教育改革深入后作为影响学校质量的重要因素提出的。它从不同的角度反映了教育改革的进步，形成了积极向上、创新开拓的时代特征。一般来说，校园文化是指以校园为地理环境，以社会文化为背景，以学校管理者和全体师生员工组成的校园人为主体，在学校教育、学习、生活、管理过程中的活动方式和活动结果。校园文化按文化体系划分为物质文化和精神文化。从文化形态上看，又有物质文化、制度文化、行为文化、精神文化四个层面。以学校为主体的硬件设施配置状况等环境为主的是物质文化。以行为规范、各种规章制度等环境为主的是制度文化。以教科研能力强弱及人脉关系等环境为主的是行为文化。以师生认同并遵循的共同文化观念、价值观念等群体行为意识等环境为主的是精神文化。四个层面文化由外到内逐步深入，物质文化是表层，是形象，是面子。行为文化是浅层文化，是规范。制度文化是中层文化发展的动力，精神文化则是深层文化，是可持续发展的真谛。总而言之，校园文化在当今高等教育中发挥着重要作用，而且是常新的、保持着可持续发展的永恒魅力，是激发师生员工激情，唤醒共识品德，独立人格追求的行为准则，起到形成强烈向心力、凝聚力和群体意识的作用。

大学校园文化作为高等学校文化的独特类型，是社会文化中公共文化的一部分，它是学校本身形成和发展的物质文化和精神文化的总和。大学校园文化具有“职业性”显著特征。

（三）校企文化融合的含义

校企文化是企业文化与校园文化相结合后派生出来的一种文化，它都属于社会文化的范畴。校企文化融合是把两种文化中的“职业性”特征进行有机的结合，让其文化真知互为补充，形成对本组织人的行为准则、价值观念和道德规范起着导向、激励和潜移默化的作用的文化。

21世纪的经济是全球化经济，现代企业制度使劳动组织形式较之以往发生了巨变，授权与分权使领导层锐减，全员目标管理，人人有职有责，独挡一面，同时，以小组团队作业方式为协作常态，需要跨学科、跨工种合作，工作时间相对灵活。这些劳动组织的变化，大大提升了对员工综合能力的要求。目前，企业对高素质员工综合能力的要求可以概括为“五力四性四心”。“五力”是决策力、组织领导能力、团队协作能力、解决问题的能力、自我批评的能力；“四性”是创造性、纪律性、积极性和灵活性；“四心”是责任心、自信心、质量心、服务心。上述综合能力的形成，正是以企业文化为核心竞争力的现实要求。而众所周知，企业文化的形成与员工企业文化认同感的养成，是逐渐发展升华的过程。企业文化成长的“慢”过程与企业用人的“快”节奏，使很多企业认识到了这个矛盾。在校企合作的过程中，大家发现了解决这一矛盾的关键节点是校企文化的融合。高等院校可以通过学生职业素养的教育，包括工作态度和价值观、自我管理、时间管理、人际沟通能力、团队精神、问题处理、批判性思维等培养，使企业文化向校园延伸。把企业文化追求共同价值观、共同企业精神、共同目标愿景的特点，与高等院校“培养高素质服务企业、满足需求的实用性技能型人才”的校园文化融会贯通，就能形成“培养高技能的、合格的、有竞争力的、有良好职业素养的社会主义建设者”的氛围，这应是校企文化融合的深刻涵义。美国著名教育家杜威曾经指出，职业教育的重要意义在于改革传统的“读书学校”，学校自身必须有一种社会的生活，必须有社会所应有的种种条件，学校的学业需要和学校外的生活连贯一气。因此，高等产品在校期间应有意识地接触与高等教育专业相关企业的必要知识，尤其是对企业文化的领悟和实践，实现由校园文化环境向企业文化氛围的平稳过渡以及从“学校学生”到“企业员工”角色的顺利转变。

校企文化融合的目的就是用企业文化中的职业性驱动校园文化中的知识性，让职业性文化变得可吸收、易转化的校园文化，从中打造出符合高等教育的运行规律和性质的校园文化。

二、外部性

（一）外部性的含义

通过对文献资料的查阅，学者们对外部性的内涵与外延存在着较大的争议，而这种争议也随着社会发展、观察经济发展的视角不同而不同，大致可归纳有四种概念。

第一，当某一实体（一个人或一个企业）的活动以市场机制之外的某种方式直接影响他人的福利时，这种影响就被称为“外部性”。

第二，外部性是当一个行为主体的行为直接影响到另一个或另一些行为主体的福利时，我们就前者的行动对后者具有外部性。

第三，外部性是指那些生产或消费对其他团体强征了不可补偿的成本或给予了无需补偿的收益的情形。

第四，外部性是用来表示当一个行动的某些效益或成本不在决策者的考虑范围内的时候所产生的一些低效率现象，也就是某些效益被给予或是成本被强加给没有参加这一决策的人。

从上述四种定义的方式中，发现有一个共同性特征，就是“一个行为主体对他人或社会的外部影响而得不到补偿”。在研究外部性时更倾向第一定义，它的核心就是一个实体直接影响它“以外”的另一个实体的福利。因为个人受教育后，有助于提高劳动生产率和整个社会的文化水平与民主参政议政水平。从这一角度看，教育（包含高等教育）是有显著的外部经济，并具有公共产品的某些性质。准确地说，高等教育是一个“准公共产品”，具有一定的外部性。它的外部性从教育经济学的角度上已被理论界所共识。在促进经济增长、提升人文素质、提高就业等方面显现出职业教育的正外部性。在经济疲软、出现负增长时，职业教育的负外部性（如教育返贫、就业困难等）往往会被忽略。基于此，尝试研究在校企文化视角下高等教育外部性，用来揭示校企文化的深度融合对高等教育的作用。

（二）高等教育外部性的含义

教育的外部性表现为，一方面使受教育者在经济上受益，如就业、预期收入增加等；另一方面，教育对一个国家的物质与精神文明建设具有积极的作用，他人或全社会也可从中受益，再者，教育是一个长期可持续的创新资本。面对高端、现代、新型、集约化的新经济特点，企业必然要求高素质的劳动者加入其中，并对高等教育提出更高的要求。也必然要依靠高水平人才进行技术创新。对于高等院校而言，走校企文化融合合作之路，争取并依靠企业的大力支持和积极参与，主动提升服务企业的需求，是培养高素质技能型人才，实现高等教育又好又快发展的根本途径。为此，必须先理解高等教育的产品属性，是它决定了高等教育的外部性。

第一，研究高等教育的外部性，首先要确定高等教育的产品对象问题。目前，对高等教育产品的研究归纳起来有两种观点。观点一认为，高等教育是教育体系的一个组成部分，由于教育是公共产品，其特性决定了它不可能通过纯市场的机制来有效地提供，而且必须通过市场以外的资源配置机制提供。教育是非营利性事业，学校是非营利性组织，它所提供的产品或服务是一种典型的公共产品。此观点有力地批驳了教育产业化的论点。当市场失灵时，只有政府提供教育，才能真正发挥教育的功能。所以说，只有在社会所提供的服务满足物质和精神文明的要求时，教育，包括职业教育和高等教育，才会作为一种纯公共产品由政府公共部门免费提供。另一观点认为，教育是准公共产品，它是由教育提供的方式和是否付费来决定。即由政府公共部门完全提供的产品就是公共产品，而由私人（市场）提供的产品就属于私人产品。在市场经济的市场上教育不可能完全由政府免费来提供，故此，即便是义务教育也存在着私立学校，而私立学校又具备私人产品的特征，它的存在正好弥补了政府失灵、低效率所带来的公共产品供应不足的现象。所以说，高等教育在发展过程中也存在着私人产品的某些特性。它可以把“免费搭车”的行为拒之门外。

第二，高等教育的产品属性及特征，决定其外部性。外部性又叫外部效应。就是指某一个人（或厂商）的经济活动影响了其他人（或厂商），却没有因此而付出成本或获得收益的现象。高等教育的外部性可分为正外部性（也叫外部经济性）和负外部性（也叫外部不经济性）。不论外部性是正的或是负的，都与资源配置紧密相关。职业教育外部性的实质是人与人之间在教育成本和收益承担上的冲突以及克服这种冲突的制度安排无法实现。

（三）高等教育外部性作用

1. 科技创新的新动力

高等教育技术创新与企业核心竞争力相互融合，对高等教育来说可以丰富高校核心竞争力的理论和内涵，重构校园文化的实质，唤醒高等教育的文化创新的正能量，培植高等教育的团队协作精神。摒弃旧的、封闭的文化理念，走出去多看看世界各国高等教育发展的现状，寻找文化创新的路子和机遇，加强校企文化深层次合作开发。高技能型人才培养竞争力和技术研发力是高等院校核心竞争力的最为关键的因素。

2. 增强社会的适应能力，促进学生就业，实现终身教育

挖掘校企文化的精髓，让学生及早了解企业文化与企业精神。一方面培养学生适应市场，适应社会，锤炼自我的能力。借助和吸纳企业价值观、企业精神、战略目标、经营理念的企业文化精髓，培养学生柔性管理能力与沟通交流能力，促进学生工作应变能力；另一方面，积极向学生灌输正确的人生观、价值观。在课程设置、教学内容和教学方法上实现企业化对接与内化，由企业提供教学设备、生产车间、培训中心等，引入企业现场教学、生产性实训基地，实行优势互补，共享资源，夯实就业距离。既为学生提供了企业的真实环境，又为企业自身未来的职工提供了技能培训场所。不仅解决了大学生入职就业问题，增强了学生学习的积极性，主动参与企业文化建设与创新的能力，也有助于实现高等教育的公平教育和终身教育，更有利于高质量地向企业输送应用型优秀人才，保证企业发展的人才储备。

3. 促进社会和谐

教育公平政策的有效实施加快了高等教育向大众化发展进程，从根本上促进了社会的和谐，缓解了大量的社会矛盾。提高了社会全体成员的整体技能水平，缓解了因技能缺失而产生的结构性失业，提高了全社会就业水平。通过政策资源配置对经济欠发达地区和农村地区大学教育的扶持，提高了大学教育服务欠发达地区经济社会的能力，促进了区域协调发展；通过劳动力转移培训工程的实施，使农村剩余劳动力带技能向城市转移，并在城镇稳定就业。有利于缩小收入差距，促进社会和谐。

三、校企文化融合与外部性关系

（一）和谐统一

校企文化和谐是高等教育适应社会经济发展的内在要求和集中反映。随着经济的快速发展，社会对人的劳动技能和知识素养提出了更高的要求。同时，社会进步也使得马斯洛的“自我实现需求”变成了现实。高等教育的大众化和职业化无疑成为人们满足社会需求和实现自身需要的重要途径之一。这种需求又促进了正外部性的良性发展，显现了高等教育正外部性的作用。反之，正外部性的健康发展又统一了大学教育校企文化的深度融合，提炼了高等教育的精髓文化，

并为之放大了文化中的实用性，产生了文化的经济价值，使之受益于人力资本。

(二)内生与外延

校企文化的深度融合促进了外部性的外延，使得受到良好校企文化培育的高等产品，在完全就业、人文素质提升、创新能力拓展等方面均显示出独特的影响力。从而形成高等教育的正外部性外延。正外部性又内生了校企文化的内涵。正外部性的主要作用是影响他人福利的获取与提高。只有具备良好文化底蕴的高等院校才能和知名企业建立长久而稳固的深层次的战略性合作。战略合作机制又保证了高等院校良性健康发展，吸引到更多的生源。同时，又使得校企文化的内涵得到了滋润和营养，产生出源源不断的适应性发展的动力。

(三)促进与制约

任何事物都具有正反两方面的作用，是矛盾的统一体。校企文化的深度融合与高等教育的外部性既相互促进，又相互制约。校企文化深层次融合后，校园文化以企业文化为中心，形成校园文化服从于企业文化，校园文化的文化底蕴就可能会被企业文化的营利性所控制，给高等教育的大众化、公平性带来负外部性，教育本质就会发生改变。如果校企文化内涵发生了质变，外部性则反作用于校企文化，用外部性的交易成本来制约校企文化的营利性。最终，使校企文化回归以校园文化为中心的素质教育为主。二者在相互促进与制约中和谐发展，保证校企文化融合的深度与广度，高等教育的外部性才能向正外部性发展。

(四)校企文化融合下的外部性作用

1. 有利于“内生增长理论”的发展，增加人力资本的幸福指数

所谓“内生增长理论”假定技术是非竞争性的，因为技术作为一种生产要素，与资本和劳动大不相同，它可以在边际成本为零的情况下被他人无限使用。此理论告诉我们，在经济全球一体化时代，技术已经具备了公共产品的属性，同时也具有私人产品属性。在某种程度上可以被私人所拥有，但大多情况下可以被所有人所拥有。只要拥有技术的人力资本，就具备内生增长的能力。也就是说，有了技术能力，就可以促进经济增长，不但能给自身带来丰厚的收益，也给社会各方均带来较高的收益，从而提高“幸福指数”。校企文化融合的共质性特征就是“人本管

理”。强调了“以人为本”的柔性管理理念，强化了高等教育对社会、企业、价值观等方面良性发展。高等教育培养目标是人力资本的培育，而高素质的人力资本不仅能快速获取技术还能快速推广技术，从这点上说，技术即是公共物品又是私人物品。对高等院校来说，培养企业所需的，未来员工的整体素质就是及时适应了企业需求的发展，有利于高等产品的零距离就业。扩大了高等教育的声誉，深化了高等教育服务企业的宗旨。而对企业来说，高素质的人力资本才能建立起企业内部合作、友爱、奋进的文化心理环境，实现企业核心价值观，进而提高工作效率和工作业绩，提升企业经营管理水平，提高企业市场的竞争力。

就业满意度的提高也预示着人力资本适用社会的能力增强，全面素质的提高，便于新技术的使用和新技术的再推广。

2. 有利于校企合作的深度展开，实现交易成本最低化

新结构经济学强调，发展中国家的产业升级过程，必须与该国的比较优势的变化相一致，后者反映了特质资本与人力资本的积累以及要素禀赋结构的变化。只有这样；才能确保新产业中的企业具备自生能力。校企文化融合下的高等教育实质上就是现阶段我国产业升级或企业转型中的比较优势。通过深入的校企文化合作就能促进企业接受新技术革新和产业升级，从资源密集型向资本密集型企业转变，用高素质的人力资本、成熟的技术，生产成熟的产品。产业升级或转型就必须依靠前沿的科学技术。前沿的科学技术获取有两种途径：一种是从发达的国家引进成熟的技术；另一种就是自主研发新技术和新产品。无论使用何种方式取得新技术或新产品，在一个动态增长的经济中，新产品、新技术就要有新技能的劳动力来实现。必须要进行必要的人力资本教育或培训。高等教育正是为满足这种需要及时发展起来的。其育人的方向是“能吃苦、能创造、能奉献、能适应”的创新型人才，使学生在就业竞争中以能力取胜。高等院校要想与企业联结成姻，就必须进行校企文化的深度渗透与融合。不经过校企文化相互渗透与融合这个过程，急于求成，直接建立的“校企合作”工作模式，只能是浮萍，经不起风浪的浅表合作。只有把“校企合作”深层次的校企文化根植于校园文化和企业文化的战略层面、先进工作价值观层面之上，“校企合作”才是稳固的、有效的。校企双方在交易成本为零的状态下实现“共赢”。当校企双方交易成本不为零时，通过市场进行资源重新配置或通过政府进行协调（政府补贴或因势利导等手段），帮助校企进行深度合作。

3. 有利于高等教育外部性创新，实现高等教育飞跃

产业升级是一项涉及风险和外部性的创新，无论是在发达国家还是发展中国家都是如此，从而需要政府发挥促进作用。高等教育在我国的快速发展不过是短短的十多年，在这十多年间，高等教育从学术型转变为技术应用型，从小规模教育到大规模教育，从技术工人培养到高素质技能型人才培养的转变。高等教育的改革都与国家的经济结构调整和产业升级协调一致的发展。因此，产业结构的升级是促进高等教育内涵发展的外生力量。高等教育的每一次改革都存在着风险和外部性的创新，必须有政策做引导甚至得到政策的扶持，高等教育才能适应产业升级或结构转型，最终为产业升级和结构转型提供丰裕的资本保证。比如说，高等教育的校企合作，在层次上、深度上、资金保证上等都要得到政府或企业的扶持，有了坚实的扶持力度，高等教育才能在新型人力资本的培养上进行创新，才能实现高等教育在质的方面飞跃。否则，校企合作只能是纸上谈兵，高等教育的外部性也得不到发展。

总之，校企文化的渗透与融合有效地推动高等教育外部性的发展，反过来外部性又激发校企文化向更深层次的延伸。校企文化是高等教育外部性外延发展的动力之源。二者既相互联系又相互制约，产业升级和经济结构转型有力地推动深层次的校企文化合作，同时，高等教育外部性得到比较优势发展后又为产业升级和经济结构调整起到保驾护航的作用。

第二节　校企文化融合下的大学生教育外部性分析

促进经济增长是教育的一项重要社会贡献。校企文化融合下的高等教育外部性分析，就是立足于提高人力资本经济增长的基础上进行的。

一、经济特性分析

（一）内部经济特性

1. 教育的生产力属性

科学技术就是生产力，在知识经济的今天，强调教育乃至高等大学教育是社会生产力属性之一，对于促进教育事业的发展，发展知识经济具有重要的作用。教育的生产力属性最初表现为教育与劳动生产力的密切结合。威廉·配第指出："有的人，由于他有技艺，一个人就能够做许多没有本领的人所不能做的许多工作。"劳动者经过高等大学教育知识的洗礼或技能的专门培训，是一个漫长而痛苦的学习过程。这个过程使得劳动力获得了知识和技能，创造了劳动价值。劳动者从掌握简单劳动技能到复杂劳动技能呈螺旋式上升，而劳动者劳动报酬的获得也从低到高地渐变，呈直线增长趋势。从而揭示了高等大学教育是培养可用劳动生产力的专门教育，是教育的生产力属性。亚当·斯密认为："社会上一切人们学到的有用才能，是和机器、工具等生产资料一样的财富，是固定资本和生产要素的一部分，要学习这种才能须受教育，须进学校，须做学徒，学习的时候，固然要花一部分费用，但这种费用可以得到偿还，赚取利润。"李斯特则在政治经济学的国民体系中肯定了在经济发展中教育有着生产性的推动力。认为培养和促进教育、宗教、科学、艺术的人文精神劳动，具有生产性。教师也作为生产者，教育能够使下一代成为劳动生产者，而这种生产性要比单纯的体力劳动者的生产性更大。一国最大部分消耗应该用于后一代的教育，用于国家未来生产力的促进和培养。同时，马克思认为"要改变一般人的本性，使它获得一定劳动部门的技能和技巧，成为发达的和专门的劳动力，就要有一定的教育式训练"。教育与劳动生产力的紧密相结合是改造现代社会的、强有力的手段，是提高社会生产力的必要方法，更是促进校企文化融合共同发展的必经之路。

知识不仅能影响生产力发展的新因素，同时还有制约和影响生产力发展的关键因素。文化知识是推动生产力积累、进步、创新的动力，而教育，特别是高等教育更是为劳动生产力提供生产必须劳动技能的教育机构，同样也具有直接的生产力意义。

2. 教育的经济属性

研究教育的外部性，首先要搞清楚教育的经济属性。按公共经济学所涉及到的公共产品理论，可以把教育看作是公共产品或准公共产品。一般认为，教育属于非营利的公共部门，所提供的不是普通的商品，而是公共产品或准公共产品。然而，随着教育改革的深入，使得教育从原来的纯公办教育到现在的公办与民办相结合的局势。教育的外部性也出现了一些排他性的特征。这种排他性既有显著的商业性质和市场特征，又具有较强的经济诉求。特别是校企文化引领的高等大学教育，市场化特征就显得尤为重要，其收益可以外溢到他人或整个社会。大多数国家把提供大学教育视作一种缓解收入分配不公的重要手段，也作为向全体民众提供福利的一种途径。同时，在一定条件下，教育服务具有竞争性，增加一个单位的对教育服务的消费，会影响其他人消费的数量和质量，其边际成本为正。在后金融危机时代，国内外产业重组调整有很大的变化，高职教育越来越融入更多的经济元素，在就业岗位的争夺上、人才流动的机会上、预期收入的增加及职位晋升上都是存在着经济上的受益性。它不仅能使高等教育特征充分地显现出来，更能使教育得到质的飞跃。准确地说，高等大学教育所提供的是一种准公共产品的服务，它既有公共产品的属性，又有私人产品的属性。因此，高等教育所培养的产品服务具备较强的社会影响力，对社会经济增长、社会发展和人才素质的提升都可以通过市场化来推动。

（二）外部经济特性

1. 高等教育外部经济性

在校企文化融合下研究高等教育的外部性，首先要强调校企文化的共性目标即“人本管理”。教育是形成人力资本的主要手段或途径之一。教育的外部性表现在人力资本的外部性。人力资本是存在于人身上的知识、技能、健康等质量因素。它不仅能给人力资本的所有者带来收益，而且也有利于提高所有生产要素的生产率，同时也能影响到周围人力资本的社会福利。其实质就是罗默强调的“知识溢出效应”和卢卡斯强调的人力资本“外部效应”。校企文化的融合，其目的就是让更多的人接受到正规的高等教育。用校企文化的精髓影响社会文化，通过校企文化的辐射和穿透功能，让劳动者提前接受创新的思想和知识，服务于企业与社会。实现人力资本的外部效应，无论是从社会或是企业的角度来看，接受高素质的员工越多，越能推动劳动生产率的提高，企业经济效率提高，也能促进整个社会经济的可持续发展。高等教育对经济发展的直接贡献就是通过有效的就业，提高劳动者生产率和形成能够促进社会进步的高素质人口质量来实现。高等教育对经济发展和增长的间接贡献是通过消费者和储蓄的乘数效应，通过建设性社会变化和经济进步所需要的各种技能、思想和态度的教授和传播而实现。教育的投资是对人力资本的长期投资，包括各种教育的投资。校企文化融合下高等教育对人力资本的形成具有双重效应：一方面，高等教育赋予个人某种专业知识和技能，从而提升对新岗位的工作机会的适应性和在工作中发挥专业优势的可能性。不仅可以增加个人的收益，还可以促进技术进步和在经济活动中应用技术成果的能力；另一方面，劳动者受教育后可以改变不正确的价值判断标准，提高纪律性，加强对工作和社会的责任感，从而促进受教育者参加经济活动并提高其工作的积极性，实现劳动者素质质量的提高，从而增加收入，提高参政议政的积极性，更有利于社会降低犯罪等现象的发生。

2. 校企文化的深度融合能带动其他产业的良性发展

校企文化的深度融合，不但能壮大高等教育的品牌战略，增加社会的就业机会，缓解社会就业压力，提高从业人员的收入水平。学生在学习中，通过各种学习手段获取更详细、更系统的知识和专业技能，增强接受教育的能力。反过来，也有助于推动大学教育质量的提升。校企文化的深度融合也有助于推动与新技术、新工艺等相关教育培训业，以及图书市场等行业的经济增长。

二、经济效应分析

（一）人力资本的经济效应

人力资本理论研究表明，一个国家或区域经济发展水平主要取决于该国家或区域的人力资本的开发能力、途径和方法。特别是在知识经济高速发展时期，人力资本是在经济转型、产业结构升级中最具有创新力的、成本最低的一种资源。把人力资本当作资源来看，当然具有其独特的外部效应，并且这种外部效应对经济增长的意义是多元性的。首先，人力资本投资所形成的专业化知识能够使其他要素投入产生递增收益，进而使整个社会经济的规模收益递增。新经济增长理论认为：人力资本是经济增长的内生变量。其内生变量表现在劳动者自身劳动技能的获得与增长，给其带来的经济递增收益的特征。此特征是通过教育而实现的。高等教育正是培养技能型人才的大众化教育，是劳动者获得劳动技能的直接教育机构。其培养的劳动技能可以进行传播或影响他人的经济收益，同时，对于劳动者本身来说，缩短了其就业的时间，增加了其预期收入和职位的升迁。对于整个社会来说，高等教育的蓬勃发展，有利于促进国家的物质水平的提高与精神文明建设提升。其次，人力资本投资所形成的知识和能力不仅能够提升投资者自身的生产效率，而且能够影响到投资者周围的人，促使他们提高生产效率。特别是，在当前经济形式下，大力发挥高等教育的外部性，形成知识外溢效应，加快新技术、新工艺的推广与应用，充分利用人力资本的潜在动能，使其发挥正能量，实现其外部效应。最后，人力资本投资在加快社会技术与信息传播、提高人力资源市场运作效率、改善劳动者健康状况、提高社会和谐程度、降低社会犯罪率等方面具有积极作用。

（二）高等教育的经济效应

1. 教育的投资收益大于物资投资收益

人力资本理论认为：人力资源投资必然会产生相应的收益，必然会带来相应的经济效益，同物质资源投资相比，虽然人力资源投资周期较长，回收相对晚些，但产生的收益要大得多，收益期将持续很久。人力是可持续的资本，可以带来可持续的利润。人力投资主要表现在对接受教育程度上的投入，主要表现在正规的学历教育和职前与职后的培训费用上。文化层次程度越高，投资越大，最终可持续的收益就越大。对于高等教育来说，校企文化的深度结合，可及时培养学生职前对技术获取能力，真正实现入职后的快速收益，这种投资受益于终身，更符合校企文化合作的本质要求。这正迎合了“知识就是力量，知识就是价值”的观点。

2. 教育是推动知识更新与进步的动力

随着科学技术的进步与飞速发展。人们对知识的更新诉求越来越强烈。在激烈竞争的知识经济时代，只有通过发展教育（主要是大学教育）来实现知识能力的续接。通过校企文化的融合，提高软实力的内涵素质，真正达到提高硬实力的效果。用科学发展观的观点来加快高等教育的资源配置，实现高等教育的大众化与终身化教育。据有关统计资料表明，在某些领域，知识的衰退速度达到每年的10%～20%，意味着知识必须在5年左右的时间就要更新。只有加快高等教育的终身教育与公平发展，才能达到更新知识与技术能力的作用。

3. 教育的产品是知识与技能

社会经济发展和产业结构调整的变化，对劳动者的知识水平与生产技能都提出了较高的要求。社会经济发展和科技水平的提高，也决定了社会阶层的变迁，经济结构的调整与工作岗位的变化，也决定了高等大学教育校企合作的新趋势——“校企文化深度合作”。把企业岗位所需的知识水平和技能水平引入到高等教育的教学中，系统地学习基础知识和基本技能，以培养独立获得新知识的能力与方法，才能满足企业对人力资本的最高要求。显而易见，对学校来说，生产出来的“产品”才能达到优质；对企业来说，其生产的“产品”才能保证合格，利润才能最大化；对于个人来说，其教育投资就显得至关重要，是获取稳定就业和稳定收入的前提。

4. 高等教育是劳动力再生产的终身需要

完成生产过程必须有两个保证前提，即生产资料和劳动力，生产资料是生产过程的客观因素，而生产劳动力则是生产过程中起决定性作用的主观因素，是生产过程中最灵活、最活跃的因素，是现代化生产与社会发展相适应的高素质、高质量、高水平的劳动力，是具有一定专业技能、广博的文化知识，高度敏捷性和创造性，并具有健康的体魄和充沛精力的劳动者。高等教育是社会经济升级，社会发展的需要，其目标就是培养适应经济发展所需的高素质技能型人才。为此，不仅需要满足劳动者基本生活的需求，还要提供各种能满足劳动者心身健康和知识技能的需要。从而提高劳动者文化素质和职业技能修养，并不断改善劳动者物质生活条件。例如，世界上最早的社区学院诞生于美国，当时入学的对象是第二次世界大战退伍老兵和移民。它有针对性地围绕社会需求，为企业和社会需求量身打造订单式人才，为移民提供文化补习甚至扫盲，为老兵提供技能培训，成为颇受欢迎的办学模式。此外，也与产业园区、社区居民对接，形成产业培训、终身教育的新特色。因此，在产业升级和结构调整中随时出现劳动者知识和技能的再培训，而这种高技能的劳动技术培训其复杂性不是一般社会培训机构所能完成的，它是一个知识链和技能链的有效衔接，是劳动者的终身教育。因此，高等教育是劳动力再生产的终身需要。

第三节　校企文化融合下的大学生教育外部性表现与成因

“在研究当代的经济发展时，外部效果是必须研究的重大问题。”经济学上的外部性即是指一个人的行为对旁观者福利的影响。从经济现象看，是形成免费搭车和福利经济。高等教育的校企文化融合均具有共同交融于促进社会福利的物质。企业文化与校园文化通过融合渗透，有利于促进高等产品的就业零距离，提高文化素质，提高社会文明程度有积极的作用。对高等产品来说，这就是福利效应。

“人是经济学研究的对象，又是经济学研究的主体。”“以人为本”的思想是一切经济活动的前提。高等教育校企文化融合正是立足于对人的素质养成性教育，是形成知识经济的集中体现。高等教育在其发展过程中已被许多经济学家确信，具有很强的外部性，对社会经济的发展具有正外部效应。校企文化融合的高等教育对于个人而言无疑是有益的，但对个人以外的群体也是有益的。一个人接受校企文化融合的高等教育不仅可以提高自己的产出，也可以通过外溢效应提高对周围人的产出，从而使接受高等教育者周围的环境也一同受益。经过十多年的校企文化融合的高等教育，不仅其规模得到了扩大，而且其产品的价值也被企业所认可，形成最具有改变人力资本命运的技能型教育之一。

一、高等教育正外部性表现

通过对上述校企文化融合下的高等教育经济的内部属性、外部属性和经济效应的分析，加强校企文化融合与渗透能促生新的教育外部性，其主要表现在以下几方面。

（一）提升劳动力素质，促进经济效益提高

劳动力素质通常是指一个人的体能、技能与智能的综合水平。其中“体能”是劳动者生理上与心理上的健康程度。“技能”是劳动者的基本技术与掌握生产流程的合理规则和熟练程度。“智能”则是劳动者的创造性开发及其创新性含量的程度。在现代社会中，三者存在着一个简单的定量规则，即对于体能、技能和智能的社会支付之比为1∶3∶9。也就是说智能所创造的经济价值是最高的，也是维持劳动者基本生存的必要条件。由此可见，接受过高等教育的劳动者的知识水平和劳动技能远高于未接受过高等教育的劳动者，他们之间对于经济发展和社会贡献也是相差甚远。从校企文化融合角度上分析，一个在校期间就接受过严格的企业文化熏陶的高素质技能人才，在未来适应社会变化、经济结构转型和现代化企业的体制管理时，能快速地融入企业发展之中，准确地理解企业的战略目标并为之实现，形成具有可持续的人力资本。否则，只能被淘汰。

（二）提升劳动者的技能，促进产业结构升级

劳动者的技能素质是制约产业结构升级的重要因素之一。加快转变经济发展，优化产业结构升级，将会直接引起社会职业在数量、种类、结构、要求等方面的变化，从而相应地要求加快劳动者素质的提升。特别是在我国已成为全球第二经济体的今天，与我国要求促进经济增长由主要依靠增加物质资源消耗向主要依靠

科技进步、劳动者素质提高、管理创新转变是相统一的。因此，在产业结构升级和经济转型期间，就需要引入先进的文化理念，培植智力资源。智力资源是指依靠人脑产生的有形或无形的技术思想等。它是可以复制、可再创造的资源。从改革开放以来，我国始终被西方发达国家称之为“加工工厂”，受尽了发达国家的欺辱和不平等的贸易保护，使我国基本型产业的发展无根无力，很难在国际市场上占有一席之地，更不要说发言权了。为了能在国际市场上拥有发言权就必须大力发展智力资源的开发和利用。而智力资源的开发与利用必须依靠教育和人才。而培育人才的载体就是高等教育。我国着力发展高等教育，提升人才智力，加大对新型劳动力教育的投资力度。从高等教育办学规模、办学质量、办学特色、校企合作上进行资源配置，以培养满足现代产业升级和结构转型所需的人力资源。从产业结构升级中大力发展由新技术、新工艺组成的“三低”企业，引领世界“三新”等行业的发展。从而改变“中国价格”，提升国际竞争力。

（三）提高劳动者收入，推进就业，维护社会稳定

解决社会就业，提高劳动者收入，是世界各国在发展经济中必须直接面对的难题之一，而这难题直接关系到社会经济的持续发展与社会的和谐稳定。当前，我国劳动力市场上主要有两种劳动者：一是由大学生为主体的劳动者；二是由新型农民工为主体的劳动者。我国政府加大对农民工培训的投入，改变培训方式，扩大培训效果，着力提高农民工择业竞争能力、就业适应能力、自主创业能力、农业技能等。再次强调农民工的培训教育力度，同时，并强调了承担此项任务的组织机构为高等教育机构。这也是高等教育面向大众化、平民化教育的良好契机，展示高等教育外部性的最好时机。通过校企文化融合来凝聚新型劳动者的技能，用校园文化融合来提纯新型劳动者的智力，用规范的企业标准来打造新型劳动者的竞争力，为新型劳动者扩大收入，缩小收入差距，维护社会稳定，建立和谐社会发展起到推进作用。

（四）有效促进绿色经济的发展，营造品牌教育

“绿色新政”理念包括两个方面：一是发展环保产业，保护生态；二是创造大量就业。一般来说，一个国家的经济增长，主要依靠劳动、资本、资源、能源、土地和技术等要素来实现。从社会经济发展来分析，立足于本国的优势产业的发展就是绿色经济的特质。在我国，大力发展绿色经济就是充分利用劳动力的经济。发展

以校企文化融合为切入点的高等教育，通过提高劳动者的受教育水平和整体素质，就是促进第三产业的发展，实现经济向绿色经济结构的转变。

另外，从更为广泛的角度来说，通过高等教育不仅缓解了中国庞大的劳动力就业压力，还可以进行劳务输出或承接全球服务外包。这种服务外包，可有效地转移就业压力，形成“转移效应”。有助于推动国际经济的和谐发展。再者，也有助于高等教育的国际化合作，把世界上先进的高等教育理念引入国内，汲取精华，创新高等文化，营造高等教育的品牌战略。

二、高等教育下外部性成因

（一）经济社会发展的需要

竞争是现代经济社会的第一要点。随着竞争的激烈发展，提高竞争的技能就成为人力资本当务之急的任务。特别是，当前我国处于经济结构转型和产业升级阶段，竞争将会达到白热化，国家与国家的竞争，企业与企业的竞争更使这种白热化接近了顶点。人才的竞争和文化的竞争迫使高等教育向校企文化融合方向转变，培育的产品更具有“职业化”的特色。这必然导致技能型学习成为人力资本的普遍需求，也是经济社会发展必须的基本需要。

（二）社会需求升级的需要

从马斯洛需求层次理论可知，人的最基本需求是生理需求，当人们没有饭吃的时候就需要使用简单技能去获取食品，解决温饱问题，用简单技能型教育，来实现最低需求。当解决温饱问题时，就需要安全需求。当经济发展延续下去，就会有更多新的需求产生。随着社会需求的不断升级，技能型教育已不再是满足基本需求的教育，上升成为精神层面的一种教育消费，是一种身份和地位的象征，是满足自我实现需求的新型教育。当校企文化融合的高等教育成为主流教育时，高等产品及其周围的环境也会形成一种新的需求。这种需求将对整个社会起到积极的影响。

（三）终身学习的需要

只有不断加强和提升知识积累已成为一种个人的投资选择。社会主体在选择学历教育的同时，更注重职业技能性学习。校企文化融合的高等教育已成为一般人选择终身学习的方向。同时,终身教育的理念也成为人们的共识,在竞争激烈的经济社会中,多种技能集于一身已成为维持竞争的必杀技,技能型再教育成为了终身化教育。

“活到老,学到老”也成为经济社会的一种知识标签,校企文化融合下的高等教育就应该是现代人所需要的技能型终身教育。

三、高等教育负外部性表现

高等教育十多年的高速发展,对社会经济的正外部性有着显著的作用。有学者就归纳总结了一个模型:制度红利+人口红利+要素红利+全球红利=GDP的高增长。我国通过“红利”概念实现经济的增长,而没有考虑到生产要素的可持续性。有发展就有不足,我国高等教育发展模式主要是借鉴国外的高等教育模式转化而来,对于我国特定时期的经济起到推波助澜的作用,但不能只看到优点而忽略缺点,只注重劳动力的数量而不重视劳动力的素质与质量,这是对高等教育发展的严重忽视。任何事物都存在着矛盾的两面性,高等教育也不例外。其负外部性主要表现为以下几点。

(一)资源配置不合理

在高等教育快速发展过程中,高等教育出现了东强西弱的局面,南丰北减的现象,出现“马太效应和王者通吃”的现象。特别是在长三角、珠三角企业密集型地区,高等教育资源配置显示出帕累托效应。以苏州工业园职业技术学院为代表的高等教育校企文化融合已进入中层或深层合作阶段。其主要表现:企业以无偿投资的方式建立校内工厂,以捐赠方式捐赠设备等措施实现校企合作,把企业文化完全融入到校园文化中,使之渗透与融合。随着高等教育改革深化和市场化程度的加深,按比较优势理论的发展规律,高等教育这一现象将会越演越烈,出现更为严重的资源配置不合理,最终将导致一些院校步履维艰,难以生存。

(二)教育返贫现象的再现

在农村或不发达的区域经济(体)内认为,接受高等教育的目的就是寻找到一个好的工作,走出山区,脱贫致富。但残酷的就业事实摆在面前,使得贫困学生家庭在支付高额的生活费与学费之后,再也无力支付因校企文化融合的不同而进行的职业技能培训费用等。加之,我国正在加速城镇化改革步伐,改制后的农民经过短暂的培训而获得一定技能后冲击了就业市场。最终使得“高等产品”成为就业市场中的“夹心饼”,就业困难重重,加大了“因教育而贫困”的现象。

(三)浅表文化融合,培养目标偏移

就业准入机制的形成,像一双无形的手,操纵着高等教育的教学计划、课程设置及人才培养方案的确立。在校企文化的浅表合作中,企业要求以培养“蓝领工人”为主的准入,而忽略高等学生的人格素质,出现偏重技能,弱化素质的现象。致使违背了高等教育人才培养初衷,忽视高职学生的职业道德、心理健康教育,导致受教育者人格缺失、心里不健康,对企业和社会埋下隐患。在课程设置中过于偏重操作技能而弱化理论,没有从本质上解决高等教育的素质培养问题。

(四)师资资源配置良莠不齐

在对区域职业院校进行调研中,许多职业院校为了迎合教育部门的评估检查,聘用了一些在读研究生和其他高校兼课教师,甚至是企业高级技工。有的是学术型教师,重理论,有的是技能型技工,缺乏相关的教育理论,只知道操作,不懂得教学。

四、高职教育负外部性成因

(一)开放的经济环境影响

改革开放快速发展的十多年来,世界各国政府通过积极的财税政策推动经济环境的深度发展,使得局部经济环境向全球化经济环境转变,形成紧密相联的全球一体化经济格局,这种格局就形成了新结构经济学模型。新结构经济学强调三个特征:一是经济体的产业结构是随社会发展阶段的不同而不同;二是经济发展是连续性的,是从低收入的产业经济向高收入的后工业经济转变;三是在经济发展过程中,市场是资源得以有效配置的基本机制。开放经济环境就是一个市场。在此环境下,加大改革开放的步伐,加快了从发达国家汲取优质样本的进程,从原来粗放的经济体制向“三低”精细型经济体制转变,从资源型经济向资本型经济转变等。在这些转变中突出以“新知识、新技术、新产品”来推动经济增长。开放经济环境要求现代企业必须加快其经营模式、经营理念的质变。这种质变则引发了全球性的对人力资本需求的激增,人力资本需求的变化又引起教育内涵的变化。

高等教育已不再仅限于传统的教学、科研等方面。在校园文化、产业发展、学术资源共享等方面也加大了外延与交流。因此,面对当前经济结构从粗放型经济结构向集约经济结构转变,迫使高等教育从技能型劳动技术人才的培养,向具有高素质的劳动技术人才转型。在经济转型中培养的人力资本势必会造成高等教育的资源配置的增加,教学观念更新,教学方法的重新构架与思考,来应对集约经济结构的转型而所需的劳动技术人才。高等教育资源的重新配置迫使在资金、人力、物力上需要获得更多的企业和政府的支持,才能尽快适应集约经济结构的发展。这种有力的支持又加快了“校企文化”的深度合作。开放经济环境又使得人力资本的交流速度加快,人力资本在流动过程中出现了“蝴蝶效应”和“马太效应”。这种效应又使得不同文化相互抵制和融合,形成文化淘汰和技能淘汰。这种连锁效应必定会使高等教育呈现出负外部性。

企业发展以市场经济为切入点,而高等教育却偏重学术化,造成高等教育培育出来的产品难以适应以市场经济为主体的企业文化,更难于融入市场经济大潮之中。高等产品的创新意识、竞争意识、质量意识、效率意识、服务意识、环境意识等深层次的文化意识、理念偏离市场轨迹,出现了毕业即失业现象。高等教育中违背市场化发展的需求,形成自我尊大,闭门造车的思潮。再如,受到红牌警示的专业主要集中在临床医学、计算机网络技术、道路桥梁工程技术、法律文秘、计算机信息管理、生产过程自动化技术、计算机科学与技术、物流管理、应用化工技术、国际金融、商务英语、工商管理、汉语言文学教育、计算机应用技术、电子商务等专业。这些专业就是失业量较大,就业率较低,且薪资较低的专业,而且多集中于文科类专业或基础应用型专业之中,专业技术含量较低,技能要求较低给校企文化融合带来的是浅表合作,浅表合作的内容只停留在校企互设教师实训岗位或设置以企业冠名的奖学金。这与现代企业文化的融合度比较低,甚至说,只是表面的融合或者没有融合。

开放的经济环境促使企业从“三高”向“三低”转型,而高等产品在接受校企文化培养时,对新技术、新工艺、新产品的转化没有及时更新而退缓于企业应用,造成高等产品就业时,不适应企业快速多变的节奏和企业多元文化的冲击与洗礼。这种不适应现象表现在高等产品上是多因素的。这就是现代企业为适应开放式经济环境而对高等产品的外部性影响,形成了结构性失业和制度性失业的状态。

开放式经济环境促使企业在进行经营活动中突出团队协作与有效的口头沟通能力。而高等教育在进行课程教学过程上只突出与企业相对接的专业知识的传授,往往忽略了管理能力、团队协作等能力的传授,最终造成高等产品功能单一，影响高等产品的外部性。管理能力与团队协作恰恰是现代企业文化中至关重要的组成分，更是现代企业核心竞争力的核心内容。高等产品的这部分能力的缺失，给高等产品在未来能否正确理解企业目标和形成终身学习的能力带来影响。根据在市场全球化、新产品层出不穷、技术变迁持续不断的今天，一个动态增长的经济中，新产业、新技术的发展要求新的劳动技能。“人力资本的提升必须与物质资本的积累和产业升级保持齐头并进。否则，人力资本要么因为投资不足而成为经济发展的约束，要么则因为教育培训投资过快使一批高学历的劳动者无法找到相应的工作，而造就沮丧的年轻一代”告诫我们，高等教育的大规模投资造成社会资本配置的浪费，适度的投资可有效地促进经济结构转型、产业升级中的经济增长势头。目前，我国高等院校的规模效益已达到顶峰，而我国的经济发展却出现了降速与迟缓现象。二者的增长呈不对等现象，出现了高等产品的“教育返贫”现象。“教育返贫”主要原因有：一是教育的投入成本过高；二是难以寻找合适的工作；三是择业观念改变；四是新型文化的冲击。”知识的增加是增长的主要源泉。在开放经济环境中，知识是创造新产品、新技术和新人力资本的源泉，是现代企业发展中必不可少的资本要素。但是，过度性教育又会造成人力资本寻租就业时出现交换价值收益的不对称，形成工作低效率，继而引发高等教育步入两难境地。

开放经济环境使社会文化变得多元和立体。人们在选择文化需求时变得多途径、多元化和立体式接受文化元素，形成个性独立的文化单元。高等教育在开放经济环境中也受到文化（主要是社会文化）冲击。高等产品的思维变得活跃、实用，在接受校企文化时往往与社会文化进行有选择性对比，选择对其未来有影响力的文化来接收，同时，在接收中进行文化淘汰，在淘汰中升华实用文化。总之，开放的经济环境是促使社会资源合理配置的重要手段之一。开放的环境也催生多元文化、新结构经济、人力资本多样性。从国家发展过程中得出结论，只有开放的经济环境存在，国家“软实力”方能在淘汰中得以提升，新型的经济结构才能提升国家地位。高等教育在开放经济环境中也应顺应潮流，从产品的人格素质、技术能力、创新能力、管理能力等多方位入手进行教育，积极寻求校企合作的同伴，乃至汲取先进国家的高等教育特色，开辟新的教育方式方法，把产品培育成全才型而非专才型的高等教育。

（二）培育人力资本成本的变化

校企文化的深度融合催生了新技术、新工艺的不断提升。使企业在经济发展核心竞争力等方面得到了发展,但也给企业的人力资本增加了新的成本,造成人力资本重新接受新技术、新工艺的再培训、再学习。简言之,培育人力资本的变化是一个具有国际性的难题,人力资本的两端是具有快速流动性特征,培育两端人力资本的成本相对较低,两端人才可以世界性流动。唯有其中间部分(高技能人才)的人力资本具有区域性、地缘性特征,其培育成本相对较高。主要表现在一个中间人才从培育到成熟,从成熟到创新,期间所付出的成本较大,势必给人力资本收益造成不经济性。

经济一体化把世界看成一个整体。为保证经济的增长势头,必须在产业升级过程中从世界其他地区引进新的创意、技术和专业技能。新的创意、技术和专业技能必定会影响到人力资本的成本。同时,由于新技术的专利性,人力资本的再教育与再培训可能会转移到引进国,新技术的转化能力在国内随之降低,人力资本的培训成本也就随之增加,影响到国内高等教育院校在人力资本的培育成本增加。

校企文化融合下对高等教育的外部性还表现在传统企业文化对高等教育的歧视。从根源上把高等教育当作普通教育的补充,认定高等教育是培养劳动技能的工人,而非工程师等技能型人才。从生源地位上,高等教育的生源也排在普通教育招生计划之后,从生源的分数上也出现了逐年下滑现象。从就业去向看,高职教育的学生从事的岗位是"一线生产"岗位。就业岗位的"一线生产"的定位使得高等教育不认同企业文化目标,也助长了毕业生在就业时消极情绪的存在,抱怨社会分层的不公;从现实工作现状上看,高职产品与中职产品所从事的技术工种一致性,没有突出高等产品的"高"。特别是校企文化正面发生激烈碰撞时,往往会使高等教育极速转头,出现不适企业生存状态,最终导致人力资本的培养模式改变,其结果造成校企文化的融合丧失殆尽。当企业需求大量人力资本时,人力资本会表现出不适性,很难快速适应企业的现代管理体制,导致人力资本的流失。然而,根深蒂固的传统文化观念还是并存于企业文化之中。高等教育只能从形式上得到认可,并没有真正地融入社会各层管理制度中。从本质上没有对高职产品的人力资本价值的肯定。

当前高等教育大众化、平民化的今天,高等教育仍受到"重学轻术,劳心者治人,劳力者冶于人"的观念束缚。特别是在世界经济危机冲击中国经济的今天,企业在人力资本招聘时,往往以普通院校学生和中职生为主,高职教育的学生成为"夹心饼"被弃之门外。这迫使高职学生在学习期间不得不重视学术理论的学习,轻视实践技能的学习。高等院校在课程设置时也会转向重学术、轻技能的设置。

“泛学术化”造成高职教育“高”“低”不是，形成学术与技能四不像，既没有过硬的学术功底，又没有精湛的技术能力，这是高职生技术能力与创新能力低下的主要原因。虽然，现在的高职教育已有所改观，但还是有一些差别。

高职院校大多是中专学校升格而来。原来以培养一线生产技术能力为主的工人，转向以培养高素质、技能型人才为主的“白领”人才。从观念上难于快速转变，原因是由于中职教育所建立的校企人才合作的模式决定了其培养目标。这也是高等学生创新能力弱的原因之一。另一个原因就是高等学生在学习校企文化内涵时，只注重企业文化的表面文化，没有领会企业文化的深层理念；只注重文化所反映的表质，而没有深入理解校企文化带来的价值观，出现了高等学生在就业后频繁“跳槽”现象，不安稳就业的现状，给校企文化的深度融合带来了不小的影响。直接影响到高等教育的正外部性，最终使企业厌烦高等生源的人力资本，直接减少企业对高等生就业岗位的设置，迫使企业转向招聘中职学生或农民工。高等生要想找到合适的工作岗位，必须再接受企业入职培训，造成人力资本再教育成本的增加。

快速崛起的中国市场吸引了大量的越洋留学的留学生回归祖国。回归的原由多种多样。但是，回归的留学生在人力资本的培育上投资成本远高于国内培养的高职学生，这类人力资本在接受新生事物时往往会以不同的角度去分析利弊关系，很容易适应现代企业的各种规范制度，况且其拓展能力远高于国内培育的学生。故此说，“留学归来是全才，国内培育是专才”的言论产生。所以，现代企业在用人机制选择时，宁可使用付出较多的人力资本价值重用“海归”的职教生而不愿以低廉的人力资本选择国内的大学生。因这些“海归”职教生在经营理念、交流沟通、人脉关系等方面优于国内大学生。这也给国内大学生带来岗位上的竞争，迫使国内大学生选择升学之路。这也符合了传统思维理念中的“外来的和尚好念经”的原由。

（三）企业生产模式转型

理念的转变是所有企业在企业转型期所面临的困难问题。企业转型不但要进行技术改革、人力资本的调整，还要进行现代化生产模式的转型等多种变化，进而影响到企业在未来几年内的经济效益和总体目标。目前，我国生产模式主要有粗放资源消耗型生产、粗放集约资源消耗型生产、集约资本型生产、集约创新型生产四种形式。在这四种生产模式中，由粗放式向集约式转型，由资源型向资本型生产转型的趋势。粗放型企业对员工技术要求低，而精细型则对员工技术能力要求高。同时，粗放型生产对资源浪费、环境污染、人力资本等要素不考虑绿色概念。而集约型、创新型生产则对员工的素质要求严格，技术能力要有创新性，对资源、资本等要素的使用考虑绿色概念，减少浪费和污染。

企业生产模式转型实质就是人的思想上、理念上的变革，要想从思想上、理念上接受企业转型，为子孙后代留下可持续发展的资源，就必须培育具备新思想、新理念的员工。这些新员工主要来源于经过校企文化融合锤炼的高等教育的学生。他们在接受这些新思想、理念时具有跳跃式的思维方式，易于改变旧的思想、理念，还可以给企业转型提出好的建议。另外，拥有新知识的员工能快速适应企业在管理体制的变革。但由于企业是一个多元的文化集合体，这个集合体很可能会产生文化的同化现象，而文化同化现象必定会引起高等教育理念的质变，最终会把优秀的企业文化与校园文化结合起来，形成具有校企文化特色的高等教育，为打造成区域经济区内的品牌高等院校奠定基础。但是，企业生产模式的转型先于校企文化的转变，也就是说，企业生产转型经过多年的转变后才能渗透到校园文化之中，高等教育的培养目标没能及时跟上，所培养出来的高等产品的思想、理念就落后于企业文化的变革速度，势必会给高等教育在短时间内产生不可估量的影响。但从长期可持续发展、包容性的经济增长的角度来说，应该在政府积极主导下进行生产模式的改变，从而达到企业转型和产业升级，实现绿色经济。

第四节　校企文化融合下的大学生教育负外部性的应对措施

经济发展是一个动态的过程，包含外部性，并需要协调。在发展的任何一个阶段，市场是资源有效配置的必要基础机制。但在推动经济发展时，政府必须扮演积极主动的角色，对经济发展中出现的不经济现象进行合理的引导或干预。

一、政策保障助推校企合作深化

政府主导下的校企文化融合是推进高等教育外部性内化的主要手段。校企文化融合下的高等教育外部性只有在政府主导下才能内化在高等教育产品中。因为，高等教育是关系到国家人才战略培养，经济转型和可持续发展的、长治久安的战略国策，是提升国力的基础性、高素质技能型人才的教育，是现代企业生存发展中所需的中坚劳动力的孵化基地。因此，作为公共产品服务提供者和决策者，应积极承担起资源配置的责任。只有在政府的积极主导引领下，借鉴美、德、英等国的职业教育发展模式。政府从宏观层面立法来保障“校企合作”，才能真正地把强国立本的资本加以保护和充分的利用。从微观层面上，国家和地方各级人民政府应出台具体的“校企合作”等鼓励、奖励和优惠的财税政策。如企业接收教师、学生实习或为学校提供实训设备即应享受一定税收减免、政府补贴、授予荣誉或冠名实验室等。完全像德国职业教育那样，切实执行财税优免政策，让企业真正尝到甜头，企业才能主动与高等院校联姻。同时，还要严格保证企业职工正当的在职职业培训的权力，高等教育组织或单位要积极主动去承担此项工作，在政府的主导下促使高等教育的“校企合作”正外部性内化。只有在完善的法律法规的框架内，才能真正建立起“校企合作”的长效机制和强大吸引力。

政府做好“中介”服务，配置与协调资源，实现高等教育资源帕累托最优。政府在进行高职资源配置时，必须要借助于市场的力量来实现资源帕累托最优。虽然，政府在大力实施高等职业教育大众化、平民化和终身教育，但在目前阶段还不能实现真正的公平，政府只能在市场经济中起到“中介”作用，促进校企文化背景下的校企合作，把有实力，有品牌，有竞争力的企业与拥有自主知识产权、有科技实力的高等院校进行撮合，搭班子，引进优质的企业文化和创新理念，培育优质高等教育产品。再有就是给予高等院校财政补助以推动其参与课程改革，建立中小企业实习中心，对中小企业校企合作指导与服务，用减免税收等方法鼓励大中型企业在校企合作中发挥骨干示范作用。政府的“中介”作用尽可能要做到公平、公正，把市场放开，形成“完全市场”，让市场实行优胜劣汰。

积极研究区域保障机制，鼓励高等教育的良性发展。建议各地方人民政府积极研究出台关于校企合作保障机制的法律，鼓励区域内有实力的企业参与高职院校的重点项目的建设，鼓励有条件的高等院校创立企业或校办工厂，并在财政、税收等方面给予政策倾斜和优惠。同时，鼓励高等院校在专业设置、课程安排和人才培养标准等方面加大企业参与度与融合度，从而形成校企文化合一、产教结合、校企共进、互惠双赢的良性循环。因为，高等教育更多的是服务区域产业和区域经济的发展，用优质的教育资源或成果服务于区域经济，建立技术推广站或技术培训班，推进成果转化率，扩大高等院校的品牌化影响力。

积极探讨校企文化融合合作模式。实现政府、学校、企业与个人四方共赢。用经济学的手段寻找盈亏平衡点，借助市场机制，强化政府的调控措施来实现外部性战略。

二、挖掘人力资本培育模式创新

21 世纪是网络的世纪、知识的世纪，也是一个“新结构经济学”的世纪。伴随经济的发展，市场竞争的加剧，人们对知识的需求观念的转变。从资源型经济转变为资本型经济，人力资本逐渐成为新世纪中最为重要的资本资源。人力资本的培育模式也发生了质的变化。目前，我国人力资本培育模式大致有两种：一种是由职前传统教育培育；另一种是职后教育培训培育。随着人力资本培育模式的改变，其培训的内容也表现出多样性。主要表现在，一是教育培训的项目多样化、课程个性化、服务增值化，以适应不同人力资本个性差异，形成差异化竞争态势；二是教育培训目标综合化、方式实践化、模式多元化，以适应人力资本的实际需求，增强自身综合素质；三是从单一的职业教育向全方位的职业教育转变，以适应职中或职后的、岗位变动的人力资本需求，满足结构经济的变化。四是注重教育培训的持续性，以适应日新月异的技术革新和知识更新，满足人力资本的终身教育所需。

总之，无论采用何种培育模式和教育内容，在结构经济面前，产业结构的调整必须树立以人为本的新理念。以人为本就是要把人力资本合理地开发和利用，没有合理的人才结构，新结构经济的产业结构就难以进行，而人才结构的调整必须以教育和科技的优先发展为前提。高等教育与企业文化的深度渗透与融合正好符合了新结构经济的发展需要，也为高等教育的外部性的外延打下良好的基础。

三、构建以就业为导向的合作机制

无论是基于应对金融危机的冲击或是从经济社会的长远发展而言，构建以劳动力就业为导向的高等教育体系，完善劳动力的教育培训政策，推进劳动力就业是高等教育的必备功能。

以就业为导向推动职业技能教育。大力发展职业教育，既是经济发展的需要，也是促进社会公平的需要。发展职业教育有利于缓解当前技能型、应用型人才紧缺的矛盾，也有利于农村劳动力转移和扩大社会。我国已将高等教育作为九年义务教育的后续教育，教育内容设置以满足农业、工业和服务业为主的需求与社会实际需求接轨的教育体系。强化校企合作机制，用政策来促进校企合作，联合开发适合社会经济发展的合作机制。

积极探索以就业为导向的积极财税政策。通过积极的财税政策，引导企业、社会和教育机构三方面以优质的资源解决劳动力就业。探索并推行企业按接收一定量的高素质劳动力为财政税收优惠政策实施对象，以高等院校培训劳动力的数量及安排就业的数量作为实施财政补贴对象，以积极的财政税收政策鼓励高等教育产品的自主创业体制的完善。

构建劳动力实习就业的机制。探索一条适合我国高等教育出路的实习就业机制，以解决高等教育与社会脱节的问题，以提高高等教育产品的实践能力，从而促进就业。应引入德国、美国等职教发达国家的经验，建立多元化学习模式。特别是在区域经济内，实现英国（三明治式）的半工半读式教育模式。从根本上解决因产能过剩、产业升级而造成的结构性失业。

建立职业“回炉”教育和职教“立交桥”升学机制。新结构经济学在强调经济结构转型时要重视“软资本”技术的应用。“软资本”包括人力资本、新技术、新工艺等有形或无形的资本资源。完善教育机制，实现职校学生连续升学再教育的需求，开设绿色通道实行有选择性的免费接收。与此同时，本科院校乃至研究生院校也可以开设满足高职产品的直接式升学需要，实现职教体系“立交桥”式升学，这也为缓解社会就业压力，解决新结构经济中资本的可持续发展提供途径。另外，高等教育应加强校企文化的深度融合，把在职员工的职后教育纳入教育体系之内，实现职后员工“回炉”增值，增强技术能力、团队协作等方面的竞争力，完善员工的综合素质。

第五章　校企合作的组织与运行

第一节　政府支持办学

为支持高等学校的内涵建设，市政府应出台相关文件要求本市各级各单位全力支持高职院校的建设，明确各级各部门各单位参与高职发展的责任和义务，为学校建设提供了政策的支持。市政府主动参与、引导、协调和激励校企合作的全面深入开展，有效调动了各单位资源为学校教学服务，为高校深化校企合作提供了坚实的基础和有力的支撑。

第二节　校企合作办学理事会体制建设

一、成立理事会的现实意义

职业教育集团化办学是职业教育办学体制机制改革的重要发展方向，是发挥企业重要办学主体作用、促进职业教育“双主体办学”的重要实现形式，是创新技术技能人才培养模式、提升技术技能人才培养质量的重要途径，对于推进职业教育内涵建设发展具有重要推动意义。

（一）推进职业教育办学体制机制改革

职业教育集团化办学是职业教育办学体制机制改革的重要发展方向，是发挥企业重要办学主体作用、促进职业教育“双主体办学”的重要实现形式，是创新技术技能人才培养模式、提升技术技能人才培养质量的重要途径，对于推进职业教育内涵建设发展具有重要推动意义。

（二）推进产教融合、校企合作

通过理事会的成立，促进职业院校与行业企事业之间更紧密地联合，共享教育培训条件、实训岗位和教育培训师资等资源，形成校企双方人才资源优化和集聚机制；加强学校与企事业单位之间科研和产品开发等方面的合作，加快实现科技成果转化，提高职业院校和企事业单位的可持续发展能力。

(三)推进优质职业教育资源集聚和服务社会的功能拓展

理事会内中高职院校共享教育资源，实现信息、人力、教学设施和实习实训基地等资源的共享、整合和优化配置，充分发挥教育投资的最大效益，努力扩大公共服务职能，促进教育公平；同时为社会提供更多的成人教育和职后培训机会，承担更多的社会服务项目，形成职业教育新的发展点。

(四)推进人才培养模式改革和培养途径优化

突出就业导向、工学结合，促进理事会内学校与行业企事业共同制定专业标准，紧贴产业、行业发展水平和职业岗位需求，逐步实现职业教育人才培养的标准化、规范化，优化技能型人才的培养途径，切实提高职业教育教学质量，提高学生的技能水平和就业质量。

(五)推进学生不断发展能力和就业素质全面提高

在理事会内建立各职业院校的衔接、沟通和弹性学制，实现中高职教育与培训的联动发展，满足学生发展的需要；建立理事会内企事业单位优先选择优秀学生制度，构建就业信息网，优化学生就业环境，提高从业人员素质。

(六)促进地方经济社会发展

理事会的成立，将加速我市职业教育规模化、集约化发展过程，促进校企合作、校际联合，为推动教育强市、服务地方经济提供高素质的技能型人力资源；也为我市构建与“四大战略”的实施和加快“三大崛起”相适应的现代职业教育体系，创新职业教育人才培养模式，提升职业教育人才培养质量和服务经济社会发展能力，为推进经济社会的可持续发展提供人才支撑。

二、理事会的指导思想

理事会以专业合作为基础，以契约为纽带，以资源共享、校企合作为目的，联合河源地区政府部门、职业院校、工业园区、行业协会、企业等自愿组成，不设置独立的法人，各单位以契约方式加入理事会，理事会成员不改变原有隶属关系。理事会在市政府的指导和监督下开展工作。

理事会整合职教资源，形成整体优势，深化教学改革，突出专业特色，拓展就业渠道，增强整体实力，通过加强产教结合、校校联合、校企之间的交流与合作，充分发挥集团组合效益和规模效应，实现集团内资源共享，优势互补，全面提高各成员单位的市场竞争力，强力打造具有广阔发展空间和社会影响力的一流职业教育集团，打造职业教育品牌，为我市经济发展培养更多、更好的实用性技术人才，为河源市经济发展做出贡献。

三、理事会性质和宗旨

理事会性质：以推进职业教育快速发展为目标，以人才培养为依托，以校企双赢为目的，以校企合作、工学结合、订单培养、顶岗实习等为主要形式，由河源职业技术学院等职业院校、行业、企业及事业单位按照平等互利原则组成的不具有事业单位法人资格的非营利性的机构。理事会成员原有单位性质和隶属关系不变、管理体制不变、经济核算不变。

理事会宗旨：创新职业教育办学体制机制，整合教育资源和行业企业资源，形成整体优势，增强活力；发挥联合优势，在更高平台和更广范围实现优势互补、互相促进，提升办学质量和行业效益；构建政府主导、学校主体、行业联合、企业参与的多元化协同办学新机制，开展师资、职业资格等全方位培训，促进“订单式培养”，实现“零距离上岗”，形成校企之间的良性互动，实现人才培养、技术研发、人力资源开发培训等成果共享、互利多赢，提升职业教育的综合实力，为河源市职业教育事业的发展和经济建设服务。

理事会准则：平等、合作、诚信、创新、共赢。

理事会制度：实行会员理事制。

四、理事会工作任务

理事会的工作任务包括以下几方面。

第一，实现师资和专业的优势互补，探索教育教学改革，组织对专业设置、专业培养目标、课程改革、教学计划、质量考核标准等方面的研讨和交流，在招生、就业、教学、科研等方面进行有效合作。

第二，实现教育教学资源和企业资源的相互共享，形成校内实习实训、校外企业顶岗实习“一条龙”，为教师到企业参加实践和企业技术骨干到学校担任兼职教师提供支持。大力开展产学研合作，积极探索职业院校人才培养和企业人力资源运作的新模式。

第三，完善“互利共赢、共建共管”的教学实践基地共建机制，通过“订单式培养”和“工学结合”等方式，设立“校中厂”“厂中校”。

第四，联合成立技术与咨询服务中心，进行科学研究和应用开发，提升社会服务能力。

第五，举办毕业生供需洽谈会，满足学校毕业生就业和企业用人的需求。

第六，开展全方位教育培训，提高企业员工整体素质。

第七，举办技能竞赛，建立竞技平台，提高学校学生、企业员工的技能水平。

第六章　校企合作的长效运行机制建设

建立理事会资源优化机制，实现教育教学资源和企业资源的相互共享，形成理事会强有力的合作、管理和运营优势；加强政府、学校、行业和企业之间的全方位合作，建立适应市场、立足行业、依托企业的现代职业教育模式和体系，有效推进学校依托产业办专业、办好专业促产业；开展师资、职业资格等全方位培训，促进“订单式培养”，实现“零距离上岗”，形成校企之间的良性互动，推动校企的共同发展，使校企互惠共赢，提升职业教育综合实力。

第一节　理事会日常工作机制

一、定期会议制度

理事会、常务理事会建立定期会议制度，形成了定期沟通机制，有效加强交流与合作。校企合作办学理事会每年召开二次理事会大会和若干次常务理事会。理事会大会由副理事长主持，理事长做年度工作报告，并主持讨论和部署下一年工作计划，表彰校企合作先进单位和先进个人。常务理事会每季度召开一次，主要内容为审议新修订、新出台的制度文件，审议常务理事单位增补名单等。

定期的交流和沟通机制，有助于及时了解双方合作需求，互通政策信息，听取意见和建议，有效加强了政府、院校、行业、企业之间的沟通和联系，为校企合作办学奠定了共识和基础，也创设了更多合作机会和可能。

二、理事会成员动态管理机制

理事会成立以来，根据人才需求、培养和社会服务的需要，实施了动态的成员管理，优化成员结构。一方面，理事会基于会员实效原则，对已经没有合作或不真心合作的企业实施退出机制；另一方面，以长期紧密合作为标准，通过积极主动联系行业与企业事业单位，增补优质的合作对象，不断优化理事会成员单位结构。

第二节　校企“双师”双向交流机制

一、“双师”双向交流的制度建设

学校出台有关文件，着力构建双向交流的动力机制。进一步明确对进企业锻炼教师及来学校兼职的企业员工在政策方面的支持及相关奖励激励措施，并明确在考核评优、职称评审、绩效考核、培训进修等方面向“双师型”教师倾斜。此外，校企出台有关文件，不断完善“互利共赢、共建共管”的实践教学基地共建机制，不断完善“责任明确、管理规范、成果共享”的“双师”双向交流机制。

二、“双师”双向交流的具体内容

（一）师资交流

1. 学校教师下企业锻炼

学校选派教师到合作企业学习锻炼，通过学习获取企业先进的新知识、新技术、新工艺和新方法，多方面、多途径培训专任教师，充实专任教师的“双师”素养。各院部根据教学任务的安排情况，每年选派一定的教师下企业锻炼学习。学校专门出台有关文件，明确相关管理要求。优先安排无实践工作经历的教师要作为驻点带队教师到企业或相关单位管理学生的实习。所有教师要优先考虑借助于带队实习的机会，加强与企业的联系，深入企业锻炼实践能力。具有企业工作经历的教师或具有高级职称的教师要同时在企业开展技术开发等项目合作。

教师进企业实践回校后，要在院部范围举行进企业实践成果汇报会，汇报自己的实践情况、收获与体会。

2. 企事业单位的专家、技术骨干、能工巧匠进学校

学校聘请企事业单位的专家、技术骨干、能工巧匠到学校担任兼职教师，传授实践技能和知识技术的应用，承担部分专业实训课及相关课程教学任务。积极推介优秀教师为企业职工进行培训，也可推介学校高层（院、部领导）担任企业顾问，定期进行系列讲座，并创造专任教师和兼职教师交流的机会。

(二)教学交流

共同研讨专业建设方案、专业课程建设和资源建设。各院部与相关企业根据产业人才需求情况,共同开发相关专业核心课程,建立突出职业能力培养的课程标准。相关企业提供相关职业资格标准、行业技术标准、相关岗位知识与技能要求等资料。

(三)技术交流

双方合作进行各种类型、各个层次的科技项目研究开发,可以通过相关媒体刊登相应的科研成果。校企联合参与行业活动,双方利用各自优势资源,在符合当地区域经济特色的各种行业项目中深层次合作,发挥高校与企业双方各自优势,构建"双师"双向交流、校企双向服务的机制,借助双方的师资、技术、场地、设备的优势,以项目合作形式开展核心课程建设、新产品的研制、高技能与新技术培训、继续教育等方面的合作。同时,争取政府支持,共同研究,共同开发,共同实施,促进地方经济发展。校企双方利用各种学术会议、行业会议和有关推广资源,推荐介绍对方,以提高双方的知名度和影响力。

(四)文化交流

学校与企业合作举办多样化的活动(校企合作交流会、企业文化活动、企业调研活动、创业大赛、创业成果展示等),为在校大学生推介校企合作项目。这些活动可邀请政府部门、媒体、企业家、专家教授等前来参加。

聘请企业相关专业的中高层领导为学校客座教授、专业带头人或兼职教师,参与学校内涵建设,或开展企业文化与管理实务的系列讲座。学校相关专业的教师为企业进一步凝练和提升企业文化提出好的建议。

三、"双师"双向交流的组织实施

各院部校企合作办公室负责"双师"双向交流的组织实施。为实施双向交流并提高工作效率,各院部与相关企业要成立双向交流联络工作小组,工作小组由双方各委派一到两名工作人员组成。联络小组负责日常联络工作,提出阶段性合作计划,协调解决交流中的有关具体问题。

原则上每个专业,每学期与相关企业和兼职教师的交流三次以上。每次交流要做好记录，各院部负责检查本院部“双师”双向交流情况，组织人事处负责检查各院部“双师”双向交流情况。

各院部定期走访企业人事部门负责人，了解企业发展情况、人力资源需求情况和在岗员工技术、技能提升的需求，及时为企业发展提供人才培训服务，落实双师双向交流计划，分析、交流工作的开展情况。

第三节　校企实践基地共建机制

一、校内实践教学基地

校企深度融合，共建“校中厂”。引进企业进驻学校，企业按生产要求提供建设生产车间的标准、加工产品的原材料和产品的销售，学校提供符合企业生产要求的环境、场地和设备，建立生产型实训基地、教学工厂。企业选派人员管理工厂生产经营，指导师生的生产、实践和实习实训，帮助学校建立实训课程体系；学校按照生产要求，将实训课程纳入整个教学体系当中，安排学生到“校中厂”顶岗实习，派教师到“校中厂”实践。企业依据自身的生产设备和技术人员情况，提出人才需求规格要求，由校企双方共同开发实践教学课程，将企业文化、生产工艺、生产操作等引入教学课程内容。

二、“校中厂”实训基地主要任务

第一，参与所在教学单位人才培养方案制定，并提出合理化建议，根据人才培养方案和教学要求，承担实习、实训、科研等任务，不断提高教学质量。

第二，“校中厂”实训基地应积极为学生提供专业对口的实践操作岗位，满足相关专业的实践教学和科研任务，加强自身建设，增强服务社会能力。

第三，在完成教学、科研任务的前提下，为企业员工、学校教师提供培训，组织学生考证培训、职业技能鉴定，不断提高社会效益和经济效益，实现校企合作共赢。

第四，运用新技术、新材料、新工艺进行产品的研发和实验。

校企深度融合，共建“厂中校”。由企业提供实训场地、管理人员和实训条件，按照符合企业生产要求建设生产性实训基地，将校内实训室建在企业，使单纯的实训室转变成生产车间。"厂中校"以企业为管理主体，将其纳入企业的生产、经营和管理计划当中，由企业和学校共同设计学生的实训课程，学生集中到生产性实训基地顶岗实习、实训和生产。教师和企业师傅共同承担教学任务，实现学生的专业职业能力与企业岗位职业能力相对接、实习实训环境与企业生产环境相一致。

第四节　校企双向服务机制

校企共同修订完善相关文件，利用学校的人力资源优势和先进的实验实训设备，与企业共同创立集科研、生产、应用和高级技术技能人才培养于一体的运作体系，形成校企双赢局面，建立校企双向服务机制，达到合作发展的目的。

一、校企双向服务内容

依托校企合作办学理事会，充分发挥我校为地方经济社会发展服务的职能，依托企业行业优势，充分利用教学资源，建立紧密结合、优势互补、共同发展的双向服务机制。

（一）专业课程建设和资源建设

校企双方根据市场人才需求情况，共同开发专业核心课程，建立突出职业能力培养的课程标准。企业提供相关职业资格标准、行业技术标准、相关岗位知识与技能要求等资料，利用自身的各种素材，不断丰富校方的教学资源库，包括重大项目可对外披露的设计文档、流程图、视频资料等。

（二）"订单"式人才培养

招生前与企业签订联合办学协议，进行"订单"式人才培养模式。校企双方共同制订人才培养方案、课程标准、学生的基础理论课，专业课由学校负责完成，学生的生产实习、顶岗实习在企业完成，毕业后即参加工作实现就业，达到企业人才需求目标。具体设有定向委培班、企业冠名班、企业订单班等。

(三)科技开发合作

双方合作进行各种类型、各个层次的科技项目研究开发,校企联合参与行业活动,双方利用各自优势资源,在符合地方经济特色的各种行业项目中进行深层次合作,争取地方政府支持,共同研究,共同开发,共同实施,促进地方经济发展。

(四)合作构建"双师结构"教学团队

聘请行业企业专家和专业技术人员、高技能人才担任兼职教师,承担实习实训技能等教学任务,为教师举办新技术、新设备、新工艺、新材料内容的培训班及讲座,有计划安排专业教师下企业实践锻炼。

(五)共建实践基地

学校引进企业建设"校中厂",借助企业生产环境和技术指导,组织专业实习,使学生提前接触生产过程,在实践中学习和掌握专业知识和技能。学校根据专业设置和实习需求,本着"优势互补,互惠互利"的原则选择适合企业建立"厂中校",作为师生接触社会、了解企业的重要阵地,实现"走岗认识实习、贴岗专业实习、顶岗生产实习",利用企业的条件培养学生职业素质、实践能力和创新精神,增加专业教师实践机会,提高实践教学能力。

(六)交流与培训

企业派出技术专家为校方承担部分相关课程教学任务,聘请校方优秀教师作为企业特聘专家。校企双方每学期进行1～2次的教学探讨。校方与企业共同组织或参加同行业教学研讨、学习观摩等活动,企业定期向校方提供专项知识讲座,服务师生。

二、校企双向服务工作机制

学校校企合作办公室是负责学校校企合作工作的常设机构,统一组织、协调校企合作双向服务的各项工作。其主要职责如下。

负责学校校企双向服务工作的统筹规划,建立健全校企双向服务的各项管理制度，完善运行与管理体系；加强学校与相关政府部门、行业组织、企事业单位的联系，拓宽校企合作的渠道与途径，推进校企双向服务项目向深度和广度发展；负责指导各二级学院校企服务合作开发项目的立项申报与建设工作；对跨专业、跨院部、跨领域的校企合作服务项目加强协调和管理；负责校企合作横向科研项目的推进，促进科技创新平台建设，校企共同开展科技研发，引导专业教师积极为企业提供技术服务，提高学校社会服务能力。

第五节　校企合作就业机制

职业教育是面向人的教育，其以服务为宗旨、以就业为导向的办学方针，要求职业院校在办学过程中必须将学生的就业工作摆在重要位置。校企间开展的合作就业既是实现校企互利双赢深度融合的重要内容和标志之一，更是实现职业教育与企业可持续发展的重要途径。

一、就业工作机制

行业为学校提供职业岗位从业标准，参与专业建设、课程开发和人才培养方案制定，提供交流平台，开展课题立项及研发，利用行业资源，在校企之间牵线搭桥；企业提供生产标准，参与人才培养方案的制定，参与课程开发，安排学生顶岗实习，提供就业岗位，反馈毕业生信息，积极与学校开展合作育人、合作办学，提升学生就业能力和就业质量；通过工学结合和订单培养等校企合作方式，加强学生职业道德和职业素养教育，强化学生实训管理，保证顶岗实习效果，提高学生留用率和就业适应能力。

强化职业生涯规划和就业指导课的师资队伍以及学生就业服务指导中心建设，提供就业信息，开展就业咨询；加大学生就业奖励基金和创业基金额度，扩建学生创业园，搭建创业平台，开展创业教育，提升学生的创业能力；建立毕业生跟踪调查制度，及时调整培养方向，适应企业要求。

二、就业反馈机制

学校做好就业意向及需求市场分析工作。对毕业生进行择业意向调查，对用人单位的用人取向和用人变化进行调查，并对各专业近几年的毕业生进行了部分回访，收集用人单位对录用毕业生的满意度反馈意见，有针对性地开展就业宣传和就业指导，较好地服务于学生就业。

第六节　校企合作激励机制

学校秉承“厚德强技、服务地方”的办学理念，历来高度重视校企合作，出台系列政策，鼓励教师在技术应用、技术服务、员工培训等方面发挥社会服务功能。

一、校企合作激励制度

为进一步激励校企合作双方开展校企合作工作的积极性，提高科技创新能力，促进校企合作工作快速持续发展，学校应出台激励系列制度文件。

学校应明确校企合作先进企业的基本要求。在学年内参与校企合作办学的企事业单位、行业协会中，做出较突出贡献、取得较大成绩者，可以参评校企合作先进企业

文件明确了校企合作学校先进个人的基本要求。具备下列任意三条的学校教工可以参评校企合作先进个人：①积极参与产学结合、校企合作，为校企合作工作献计献策；②积极为学校产学结合、校企合作办学引进捐赠资金或设备；③根据专业和用人单位的需求，与合作单位共同开发1门以上课程并取得良好效果；④主动承担校企合作项目的开发与创新，积极为合作单位解决技术难题并取得经济效益；⑤该年度有到企事业单位挂职锻炼的经历。

二、科研体制机制改革

鼓励专业教师从事科研与技术开发工作，出台相应的政策，允许教师根据实际情况申请“专职科研人员”，完善专职科研人员的绩效考核制度，充分调动专职科研人员的积极性。鼓励专业教师以各种方式，参加符合学校发展要求、与自身专业对应的国际、国内学术交流与合作。相关费用，通过相应程序进行申请，由专项经费列支。

编设专项经费，加大力度扶持和培育专利技术创新成果，出台相关政策，大力推广与应用专利成果。完善访问学者制度，定期派出专业骨干教师和科技人员到国外（境外）同行高校和机构取经学习。

允许在读大学生休学创业，修业年限可放宽至5年。在修业年限内，保留学籍；经过评议，与创业密切相关的专业课程，可申请免修。完善科研经费、项目经费管理机制。科研经费依据任务书、项目合同足额下拨；项目经费实施年度预结算制度，专款专用，一年一结。科研经费开支（包括横向和纵向），实施项目负责人责任制。经费使用依据项目任务书（合同）和财务管理有关规定开支或发放。

三、人事管理与分配制度

大力推进校内人事管理与分配制度改革，坚持分配向教育教学一线的教师倾斜，保障教学一线人员人均绩效津贴标准。完善公平、竞争、高效的校企合作激励机制。从社会效益和经济效益等角度制定教师参与校企合作与技术服务的核算标准，将其作为教师应完成的标准工作量的组成部分之一，纳入薪酬体系；将教师参与校企合作情况计入教师业绩考核范围，作为职称评定和年度考核的重要指标。

第七节　人才培养质量评价机制

学校始终以保证教学质量为教学工作的核心，在教学质量标准建设，教学质量管理、评价、监控等制度建设方面不断完善，贯彻落实，确保教学质量管理与监控体系有效运行。

一、质量标准建设

各专业根据高职教育的理念和特点，在专业建设、课程建设、实践教学、毕业环节等方面制定了严格的质量标准。这些质量标准主要包括专业标准、课程标准、实习实训大纲、毕业设计（论文）指导书、考核大纲等。

二、管理程序建设

在教学管理方面，学校针对教学工作各个环节，研究确定教学质量监控点，以过程管理的理念，制定各质量监控点的监控方法，形成了以过程管理为核心内容的教学工作管理体制。制定了职责分明、工作流程清晰、过程记录充分，操作性强的管理程序文件，做到教学工作凡事有人负责，凡事有章可循，凡事有案可查。有效地规范了教学及管理人员在教学活动中的行为，确保了各项质量标准在教学活动中得以执行和落实。

三、教学质量监控体系建设

在办学实践中，学校根据自身条件和特点，建立校、院二级专、兼职督导队伍。按专责、专职负责对教师进行听课和导课，同时强化二级学院督导组的职能，逐步扩大了二级学院督导组教学质量管理和监控的范围。

制定相关文件，建立教学质量的学生信息反馈制度。有序开展学生信息员遴选、业务培训、信息表统计和筛选、教学问题反馈和通报等方面的工作。形成了课堂教学质量闭环管理的运行机制。

四、课堂教学质量评价

学校重视课堂教学质量的评价工作，对教师教学质量的评价方式进行改革，侧重以学生评教结果确定教师的课堂教学质量；建立完善的全样本学生评教系统。将对教师的评价结果纳入教师绩效考核指标中，对教学质量的评价指标不断进行调整，使之更趋合理、公平和人性化。对提高教师教学水平和质量起到了很好的促进作用。

第七章　校企合作类型以及相互选择

校企合作办学是以市场和社会需求为导向，学校和企业共同参与人才培养过程，利用学校和企业两种不同的教育环境和教育资源，采用课堂教学与学生参加实际工作相结合的方式，来培养适合不同用人单位需要的应用性人才的教学模式。它的内涵极其丰富，包括产学合作、双向参与；实施的途径和方法是产学结合、工学交替、顶岗实践、定单培养；实现的目标是增强办学活力，提高学生的综合素质。当前，校企合作办学，共同参与人才培养，已成为一种趋势，校企结合是确保职业教育更贴近市场、贴近社会需求、满足受教育者需求、促进学校焕发生机和活力的办学捷径。

第一节　校企合作类型(企业方)

学校在不断完善办学模式的基础上，形成具有特色的更加灵活、更加开放的办学模式和技能人才培养模式，为技能型人才提供了更有利的成才通道。一方面，企业应该主动加大合作的力度，应用于生产实践中，产生经济效益。可充分利用学校的优势资源，进行产品研发和市场开拓；另一方面，学校应该通过引荐和宣传吸引更多的企业与学校合作，补充教学资源的短缺，达到合作多方共赢局面。

一、企业经济类型分类

(一)国有经济型企业

国有经济是指生产资料归国家所有的一种经济类型，是社会主义公有制经济的重要组成部分，包括中央和地方各级国家机关、事业单位和社会团体使用国有资产投资举办的企业，也包括实行企业化经营，国家不再核拨经费或核拨部分经费的事业单位和从事经营性活动的社会团体，以及上述企业、事业单位和社会团体使用自有资金投资举办的企业。

(二)集体经济型企业

集体经济是指生产资料归公民集体所有的一种经济类型，是社会主义公有制经济的组成部分，包括城乡所有使用集体投资举办的企业，以及部分个人通过集资自愿放弃所有权并依法经工商行政管理机关认定为集体所有制的企业。

（三）私营经济型企业

私营经济是指生产资料归公民私人所有、以雇佣劳动为基础的一种经济类型，包括所有按国家法律规定登记注册的私营独资企业、私营合伙企业和私营有限责任公司。

（四）个体经济型企业

个体经济是指生产资料归劳动者个人所有，以个体劳动为基础，劳动成果归劳动者个人占有和支配的一种经济类型，包括所有按照国家有关规定登记注册的个体工商户和个人合伙。

（五）联营经济型企业

联营经济是指不同所有制性质的企业之间或者企业、事业单位之间共同投资组成新的经济实体的一种经济类型。联营经济只包括具备法人条件的紧密型联营企业。

（六）股份制经济型企业

股份制经济是指全部注册资本由全体股东共同出资，并以股份形式投资举办企业而形成的一种经济类型。股份制经济型企业主要有股份有限公司和有限责任公司两种组织形式。全民、集体、联营、私营企业等经济组织虽以股份制形式经营，但不以股份有限公司或有限责任公司登记注册的，仍按原有所有制性质划分经济类型。

（七）外商投资经济型企业

外商投资经济是指国外投资者根据我国有关涉外经济的法律、法规，以合资、合作或独资的形式在大陆境内开办企业而形成的一种经济类型。外商投资经济型企业包括中外合资经营企业、中外合作经营企业和外资企业三种形式。

二、与不同类型的企业合作概要

(一)与大型国有企业合作

实施人才强国战略，而强国则必强企，其中国有企业是党执政的重要经济基础，是国家税收的重要来源。国有经济在国民经济中的控制力、影响力和带动力是其他经济成分无法替代的。强企必须注意发现人才、培养人才和使用人才，实施人才强企战略。

大型国有企业是实行人才战略下的校企合作的先行者，迈开了校企合作的第一步，带着政策、带着激情和带着成绩匆匆走过十余年，在国有经济发展的道路上起到了重要的作用。与这类企业合作一般比较顺利，因为这些企业目前都有一套比较完善的、成熟的制度，对用人、培养人都有自己的一套手段，甚至在一定的程度上，都有自己的学校、教学设备、实训基地，尤其是有先进的人才培养计划和实施方案。加上这种企业用人比较多，学校在合作时主要考虑人才对点培养，或者对岗培养，在科研、产品开发的合作上就应该考虑怎样促进人才培养。因此，大部分与这类企业合作在政策和落实上都比较顺利。

(二)与实力雄厚的企业合作

对于这类企业，校企合作很容易开展，原因是:一是这类企业并不在乎共赢的问题，只要合作，他们就是赢家，本来已经做得很好了，如果可以合作，无论从投入还是产出，都是划得来的;二是这类企业有的是人才，对于学校的师资问题可以得到相应的解决，“双师型”教育就可以得到很好的体现;三是这类企业一般比较正规，无论是私营的还是家族式的，一般都有比较完善的体系运行，没有过多的中间应酬和中间环节。但是，这类企业对学校培养的人才要求比较苛刻，一般都是订单式的，不会有很深入的合作，利益最大化也许是他们追求的终极目标。

(三)与传统企业合作

这类企业，无论是企业领导还是企业员工，都比较重视校企合作，不过他们的合作完全是正统的合作，对对方要求是很严格的。虽然合作是双方的事情，但是他们认为会是自己的事情，所以要特别注意:一是必须加强学生的思想教育工作，充分认识传统企业的发展和企业文化，结合本专业的基本知识，明确本专业的发展趋势，清楚本专业改造的方向；必须脚踏实地，接受比较严峻的考验，经得起外界环境的诱惑，适应办公环境的朴素和简洁。二是要求老师要充分挖掘传统企业的优点，尤其是企业文化的背景和思想，要明白党和国家对传统企业的保护和支持，教会学生对传统企业改造点的寻求，产业升级改造的动力所在。此外，教师还要通过教学向企业提出进行传统企业改造的建议和新技术应用的方案，多层次、全方位支持传统企业的升级改造。

（四）与高新技术企业合作

对于这类企业，校企合作一般采用“订单式”合作方式或者“认证式”合作方式。企业对岗位的技术要求比较高，对人才需求也是单项的。一般通过以下方式合作：一是企业主动提供新技术的教学课件、教材、技术资料，同时派遣企业高新技术人员到学校进行教学指导；二是学校可以与企业共同建设相关专业，由企业提供人才培养标准、技术认证以及标准化的课程；三是学校和企业共同建立实训室，企业进行技术指导和技术考核，得到符合企业或者行业需要的人才；四是企业可以利用网络技术对学生进行模拟训练和技术指导，学校在情况允许的情况下，可以跨专业开设企业需要的人才课程，有利于“通才＋专才”结合的人才培养模式的形成和发展。这些合作方式，既有利于企业人才的选拔，也有利于学校相对针对性不强的专业设置，给学生创造机会。

（五）与中小企业合作

与这类企业合作，存在以下几个问题：一是企业制度不完善，企业管理不规范，工作环境不理想；二是要有长远发展的眼光，对涉及投入、产权、设备、场地等都要用书面合同进行约束，以防“走形式”；三是要有预见性，对双方设立的实训基地学校更要做好安全教育工作，保障学生的权益。

为了解决以上问题，学校要开展以下工作：一是高瞻远瞩，给学生说明限于历史、资金、水平、地域等因素中小企业发展有众多局限，但是从整体上看对人才的培养还是有利的，中小企业近几年发展非常好，所以从学校的角度看要积极地与这类企业合作；二是告知学生在这类企业工作对个人的发展很有帮助，机会比较多，要注意仔细观察与记录，思考并提出合理化建议，要展现年轻人的活力，敢于思考，勇于提问，中小企业发展机会是相当多的；三是要从小处着眼，作为老师要善于做好相关工作，引导学生注意细节，逐渐适应企业的工作和生活。

(六)与其他企业的合作

与其他企业的合作就是指与文化素质不高、企业文化匮乏、对学生技能要求不高的企业合作。对这类企业,学校要深入开展调研工作,并帮助这类企业提升自身素质。

第二节　校企合作类型(学校方)

学校利用企业的资源,建立稳定的实习基地,其生产车间和培训中心成为实践教学的课堂。利用实习企业的设施设备和技术条件,将工学结合融合在生产现场的环境之中,把生产的现场作为教学的课堂,在现场讲解实际操作和解决疑难问题,由企业提供工艺标准、技术人员、工作量具和原材料,要求学生以班组的形式进入工厂学习,由学生直接生产操作,做到真正意义上的工学结合,培养学生的安全意识、班组意识、成本意识、团队意识。这样既完成了实习工厂生产经营的任务,增加了企业经济收入,又提高了学生实际动手操作能力,增长了工作才干,能收到一举两得的效果。

一、与不同类型的学校的校企合作

(一)与工科类专业的校企合作

1. 对象分析

工科类专业,主要是研究工学方面的专业学科。工学包括地矿、材料、机械、仪器仪表、能源动力、电气信息、土建、水利、测绘、环境与安全、化工与制药、交通运输、海洋工程、轻工纺织食品、航空航天、武器、工程力学、生物工程、农业工程、林业工程、公安技术等学科。这类专业毕业的学生主要面对的是机器而不是人,职业性质主要是工人,所以对仪器设备要有敏锐的洞察力,学会与机器打交道,学会聆听机器的声音,也要学会与同事相处的能力。

2. 合作形式

这类专业的学校,有较多的合作形式,主要有:一是校内工厂式,就是在校内建立企业的实训工厂，校内可以开展生产性的工作；二是学校具有比较雄厚的教师队伍，可以合作开展科研活动，为企业进行应用性的科研服务，并培训企业员工进行科研工作，为企业员工晋升做好基础培训工作；三是学校与企业员工开展多方交流活动，开展形式多样的各种培训、交流、体验、诊断等活动。

3. 合作特点

与这类企业合作，合作特点比较明确，具体有：一是企业可以根据自己的情况与学校合作，可以规模大，也可以规模小，可以投入大，也可以投入小；二是与这类学校合作时间上相对较长，持久性、可发展性比较确定，投入和产出成正比；三是与这类学校合作可以获得比较好的员工，为企业发展带来比较稳定的人才输入。

4. 问题探讨

由于这类院校的合作企业比较多，从而会出现一些问题：一是企业务必要清楚自己需要的人才标准，同时学校也要明确自己输送到企业的是什么样的技能型人才，不要出现协定与结果不一致的现象；二是合作期间利用学生创造的收入要合理支付给学生，并要求学生进行总结，进行有针对性的企业文化渗透教育，进行符合本单位人才规划的选拔活动，引导学生向正确的方向发展，不能唯利是图；三是学校要注意学生的全方位培养，与其他文科专业和艺术专业的学生进行互动交流，不能出现"一专无能"的所谓人才；四是要特别注意安全管理工作，要加强防范安全事故意识，因为这类学校开展教学的一般都是大型设备，学员要学会机械操作，没有专业化的人员指导很容易造成不必要的伤害。

(二)与文科类专业的校企合作

1. 对象分析

文科类专业，如哲学类、经济类、法学类、教育类、文学类、历史类、管理学类专业，这类专业学生的工作对象是人而不是机器，学生会面临复杂多变的人际关系环境，要求学生具备较强的人际交往能力、综合性的判断能力和独立完成工作的能力。

2. 合作形式

与这类院校合作的主要是普及内训机构。其合作方式有：一是合作成立像律师事务所、会计师事务所那样的机构，参与律师、会计的日常事务，学生能够在学习的过程中体验生活；二是合作成立相关培训机构，比如旅游、外语、软件、服务类的培训机构，充分利用学校的优势资源和便利条件，开展各种培训和咨询工作；三是与学校合作开展一些课题的调研工作、公司上市项目的市场调研工作，完成企业项目的顺利上市和正常运转；四是进行劳务输出合作，比如与商会、旅游景点、外贸公司、社区街道、健身机构等开展形式多样的劳务输出，解决学生就业问题。

3. 合作特点

与这类院校的合作，其特点有：一是形式多样；二是以服务为主，规模化运作比较容易出成绩。

4. 问题探讨

一是双方合作人才培养方案一致，简单的、重复性的活动学生参加适可而止，不能占用学生太多时间；二是活动发生的收入要合理分配给学生，注意培养他们正确的价值观；三是将任务学习、素质培养、目标管理恰当地融入工作任务中；四是工作选择性大，流动性高，就业门槛低，需要培养学生正确的就业观念。

（三）与艺术类专业的校企合作

1. 对象分析

艺术类专业有美术、声乐、舞蹈、播音主持等，这类专业的院校毕业生主要服务于设计制作、乐理指导、形体培训、艺术创作等方面，以满足客户需要为宗旨，要求其具备良好的沟通能力、创新的设计理念、扎实的艺术功底、优秀的表现能力。

2. 合作形式

与这类院校的合作，其形式主要有：一是合作举办设计、制作机构，来从事首饰、服装、广告、动漫、装潢、产品设计等服务性工作，企业可以充分发挥其市场运作能力，学生也可以得到充分的锻炼机会；二是与媒体机构合作从事包装策划、期刊、出版、报纸、电视台、互联网等媒体设计和策划运营工作，使媒体具有更年轻、更有活力和表现力的素材呈现在公众面前，从而使学生在学习阶段明确自己的定位和今后从事的行业；三是可以与一些从事产品生产、销售的企业合作，从事产品的设计开发、包装宣传、企业文化建设，与一些中介机构合作开展艺术的培训和宣传设计工作。

3. 合作特点

与这类院校的合作，其特点主要有：一是学校可以通过企业的投入，基本上满足学生设计需要；二是学生的设计能力得到提高；三是这类合作时效性、随意性也比较强。

4. 问题探讨

一是双方人才培养的方案要清晰，开展活动前明确活动的目的、要求、任务、结果等；二是活动产生的收入要合理分配给学生，注意培养他们正确的价值观；三是分配任务时要注意顾及学生的休息时间，避免长时间疲劳工作，达不到预期的效果；四是活动可以考虑与工科、文科结合进行，有时候会起到意想不到的结果。

二、实训基地建设原则

(一)系统性原则

高校实训基地建设要有系统建设的观念。高校实训基地建设要紧密结合学校所在地区支柱产业、新兴产业和特色产业的发展，统筹规划学院的实训基地建设。

(二)资源共享原则

所谓资源共享，就是在定位教育实训基地功能时，对基地的所有教学资源进行全面科学的分析，并在此基础上，对教学资源进行合理配置和优化组合，使这种基地的所有教学资源都能发挥应有的作用。资源共享既倡导校内各专业资源共享，又要想方设法与校外兄弟院校进行资源共享。实训基地的建设一般都需要大量的资金，在缺少国家财政支持的客观条件下，坚持资源共享的原则，不仅能使基地建设资金发挥最大效能，同时还容易形成多功能的高职专业实践教学基地，实现学校内部各专业共享、与社会共享、产学研结合，与地方经济发展互动，最大限度地提高装备、设备的利用率。

(三)体现特色的原则

职业院校要结合当地经济发展水平、产业结构特点、院校专业特色等情况，规划与建设能够对当地经济和社会发展发挥积极推进作用且富有特色的职业教育实训基地。管理类实训基地建设要能全面完成实践教学任务与职业训练功能，应做到先进性、真实（仿真）性、实用性、经济性相结合。

（四）注重效益的原则

高职院校实训基地建设要注重社会效益和经济效益，建立实训基地管理使用的长效机制。文科类高职院校在实训基地建设中，可能在实训基地建设与运用中很难与理工类高职院校相比较，但可采取多元化的投资策略，努力开辟政府、院校、企业多元化的投资渠道，充分发挥各方面的优势，多种渠道、多种方式筹集资金来建设实训基地。要借鉴企业管理的经验，创新实训基地管理机制，充分发挥实训基地功能，提高实训基地的综合效益。

第三节　校企合作选择对象的方式

一、通过政府指定的中介服务机构

校企合作是在特定的时期、特定的环境下的教育改革带来的产物，也是市场化运行的产物。随着校企合作的不断推进和成果的不断显现，人力资源的均衡化发展已经浮出水面，或多或少的企业在当地甚至临近地域进行校企合作已经远远不够，所以校企合作出现跨地域的合作。由于地域的问题，风俗、习俗、语言、交通等现实问题，各地政府组织根据地方情况，引导有能力的企业或者机构从事"校企合作"的工作。这种企业或机构被称为中介服务机构。正是这种服务机构，促使企业和学校克服了因了解对方、沟通洽谈带来的困难，节省了精力、财力，在一些领域的合作取得了比较可喜的成绩，特别是东部沿海城市与西部偏远地区的农村孩子所在的职业学校之间的合作。因此，中介服务在短期内解决学生的外出实习、外出就业、企业驻校等环节上起到了至关重要的作用。

二、通过各种学校与企业见面会

在各地政府部门的指导下，经过相关企业与当地相关部门联系，组织职业学校、企业开展座谈会，把与会各方集中起来进行有效沟通，并充分介绍各自的优势和需求。通过这一平台，学校和企业家还有中介机构可以坐下来进行深入洽谈，并实际考察，最终达成一致意见，为"校企合作"这个工程起到良好的促进作用。

今后值得推荐此类活动经常开展，促进其他经济形式、社会资本之间的有效合作，共同繁荣和发展。

三、通过专家推荐

虽然校企合作工作开展十余年，在合作面、合作度上都取得了可喜可贺的成绩，但是从企业和学校整体发展的角度来看，企业在校企合作上的投入和产出不一定成正比，学校在培养人才方面不一定完全满足企业需求，只是满足了双方基本面上的东西。要进行深层次的合作，还要做很多工作。有些高校专门聘请有经验、有渠道、有能力的教育专家，作为学校的职业顾问，为经营困难的学校和“校企合作”工程出谋划策。要有好的合作，必须练好内功。一位专家曾讲过，学校在校企合作中起到至关重要的作用，所以学校必须在领导培训、招生策略、专业设置、教学大纲、课程规划、岗位轮调、实习计划、驻厂管理、企业驻校管理、职场指导、科研服务上下功夫，武装自己，才能开展好合作。

四、通过两地政府出面协调的联合办学

联合办学是在政府指导下，通过学校和学校之间或者学校和企业之间借助对方优势方面进行整合或者联手的合作办学。目前主要有中外联合办学、片区联合办学、跨区联合办学等多种形式。联合办学是开展“校企合作”的主要举措，也是落实此项工程的又一个成功举措。通过联合办学考察、申请、实施而达到“校企合作”的目的，此举在一些地区、一些跨区的学校之间和企业与学校之间取得非常好的成绩，值得推广。

第八章　政府、行业、企业和学校在校企合作中的地位与作用

第一节　政府的主导地位与作用

在社会主义市场经济的条件下，尽管政府对高等教育管理正从过去的直接办学者和管理者转变为指导者和调控者，但是在推进中国特色社会主义教育事业的进程中，政府永远起着核心的主导作用。在校企合作中，政府也发挥着积极的主导作用，从高等学校与企业的关系上，既要为企业参与高等教育人才培养提供政策支持，又要为企业参与高等教育人才培养提供法律依据。

一、政府的主导地位和作用

（一）政府的主导地位

建立政府主导型校企合作联合培养人才的机制，就是充分发挥政府的统筹和引导作用，使校企合作教育成为培养人才的主要途径和普遍模式。

由于校企合作的教育模式既是准公益事业，又具有产业属性，因此校企合作教育不能呈一种自发的、浅层次的、松散型的状态。要使校企合作健康发展就必须调动企业的积极性，增强合作的稳定性。仅靠市场机制来调节是远远不够的，甚至是无法实现的，只有建立起由政府主导的校企合作教育体制、机制和制度，并按照校企合作自身的特点，在遵循市场规则的基础上，确立政府的主导地位，才能实现校企合作的可持续发展。

校企合作教育不是一个简单的市场教育，校企合作具有鲜明的职业性、社会性、人民性。由于校企合作涉及多家职能部门，尤其是有些带有试验性的校企合作教育需要在现有的高等教育制度框架内有所突破，需要人事、劳动部门与相关职能部门进行沟通协调，因此必须由政府主导。政府主导的校企合作教育对提高资源整合能力和人才培养质量也具有重要意义和作用。

（二）政府主导战略的内涵

政府主导型校企合作既是发达国家政府所采取的职业教育发展战略，也是发

达国家实施产学教育、校企合作的成功经验。政府主导型战略不仅符合中国作为发展中国家的国情和我国校企合作发展的实际，也是我国校企合作实现可持续发展的基本保障，而且在未来相当长的时间内仍将起到重要作用的必然选择。

政府通过主导校企合作，可以促进形成互动双赢的校企合作机制。

1. 推动立法保障校企合作的顺利实施

发达国家政府普遍重视推动相关的立法工作，通过制定相关法律，使校企合作教育有法律依据，使政府从制度的层面保证了校企合作的各项工作得以顺利进行。

2. 以行政法规规范校企合作的开展

政府通过制定专门的行政法规，为校企合作创造条件，促进校企合作教育顺利进行，使校企合作有章可循。

3. 以专门机构管理校企合作的具体工作

政府统筹校企合作教育政策的规划、制定、执行、监督等各项职能，设立专门机构保障校企合作各方的深度合作，实现校企合作教育与经济发展的良性互动。例如美国政府主导创办“美国高校大学—企业关系委员会”、法国政府主导成立“教育—企业工作线”和“教育—经济高级基金会”、英国专门成立“培训与企业委员会”等，其目的是促使企业积极参加校企合作教育。

(三)如何发挥政府的主导地位和作用

校企合作是在学校和企业双方自愿的基础上开展的合作，政府是建立促进校企合作联合培养人才机制的关键，政府可以从以下几方面在校企合作教育中发挥主导作用。

1. 政府应成为校企合作的驱动者

一是政府通过采取各种措施，对积极参与校企合作的企业给予政策倾斜，建立合理的企业利益补偿机制，在税费减免、财政支持、政策倾斜、资金补贴、表彰奖励等方面给予明确的政策规定，推动企业积极参与校企合作；二是政府必须加强法律保障，只有在一定的法律法规体系保障下，才能实现校企双方、教育行政部门与行业组织、学生等各方面的协调与合作，形成校企合作长效机制；三是政府实施就业准入制度，有利于建立全社会统一的职业标准、鉴定规范和社会化管理体系，有利于提高我国人力资源质量评价系统的科学性和职业资格证书的权威性。

2. 政府应成为校企利益的调控者

高等学校校企合作是企业、学校在各自不同利益基础上寻求共同发展、谋求共同利益的一种组织形式。政府作为高校与企业的公共管理部门，通过建立政府主导的校企合作管理体系，统筹学校与企业两种资源，发挥政府的组织优势、资源调控优势、公共管理优势，统筹规划各地的校企合作，确保培养方向和目标，指导和协调校企合作有序开展。

3. 政府应成为校企合作过程的监督者

政府应指导高等学校与企业做好对校企合作过程的管理，规范工作流程，鼓励企业参与对校企合作的学生培养，从而建立有效的校企合作绩效评价体系。政府的监督不仅可以使合作顺利的校企双方实现合作内容，而且可以督促合作不顺利的校企双方承担合作职责，履行合作义务。

4. 政府应成为校企合作成果的评估者

政府应建立一套校企合作评估、激励体系。制定科学有效的评估标准，确定严格的评价程序，对校企合作进行全方位的评估，同时以评价体系为基础，建立激励机制，保护和激发企业参与校企合作的积极性。促进校企合作教育向更深层的良性的方向发展。

(四)需要解决的问题

在校企合作中，政府应该发挥积极的主导作用，既要为企业参与高等教育人才培养提供政策支持，又要为企业参与高等教育人才培养提供法律依据。

1. 政府应建立校企合作教育的统一协调机构

尽管我国的教育主管部门设置有专门的产学合作机构，统筹规划校企合作整体工作。但是产学合作不仅仅是教育主管部门一家的事情，而是需要政府多个部门共同协调，制定促进校企合作的办学法规，推进校企合作的制度化。借鉴发达国家成功的校企合作经验，政府必须设立专门的机构，搭建校企合作的平台，提供企业的需求信息和高校的成果信息，实现校企之间的对接。

2. 政府应推动建立支持校企合作教育的完整的法律文件

我国目前还没有一部完整的支持校企合作的法律。可以说，我国高等教育的校企合作还处在一种自发和应付的状态，在相关法规执行监督方面基本处在真空状态，对于规定企业“应当”履行而事实上未履行何种责任应如何制约，政府并未制定相应的实施条例，从而使企业参与高等教育的义务流于形式。只有在一定的法律法规体系保障下，才能实现校企双方、教育行政部门与行业组织、学生等各方面的协调与合作。发达国家开展高等教育的校企合作模式，都是依靠立法来规范高等教育体系和相应的管理体制，并不断按照经济社会发展要求进行修订。

3. 政府应出台一整套促进各方积极参与校企合作教育的配套措施

政府通过出台的政策和法规，加强对校企合作的干预和协调沟通，在校企合作的科研开发和创业政策上建立相应的激励机制，通过相关免税政策和各项费用减免政策，鼓励企业深度参与高等学校的教育进程，形成互动双赢的校企合作机制，并在经费上给予支持。目前政府出台的相关政策多有利于学校的利益，而在校企合作中却忽视了对企业的政策优惠。

政府需要采取各种措施，以保障校企合作教育的有序进行。尤其对于应用型高等院校而言，校企合作教育在其人才培养中起着十分重要的作用。校企合作教育是应用型高等院校人才培养的必由之路，并已经成为各教育管理部门以及各高等院校的共识。法律保障机制将是通往必由之路的关键。校企合作和高等教育的政策制定和实施都必须由政府、产业部门和社会三方面建立新的伙伴关系来实现。这种伙伴关系必须能够构建出一种和谐的法律框架，以形成国家的发展战略。

二、政府发挥的主导作用

20 世纪 90 年代以后，有公共行政学者基于对新公共管理理论的反思，创立了新公共服务理论。所谓新公共服务，指的是关于政府的公共行政要以公民为中心。新公共服务理论包括以下几个方面的基本观点：一是政府的职能是服务，而不是“掌舵”。二是公共利益是目标而非副产品。三是在思想上要具有战略性，在行动上要具有民主性。四是为公民服务，而不是为顾客服务。五是责任并不简单，公务员应该关注的不只是市场，他们还应该关注宪法法律、社区价值观、政治规范、职业标准以及公民利益。六是重视人，而不只是重视生产率。如果公共组织及其参与的网络能够以对所有人的尊重为基础、通过合作和分享领导权的过程来运作的话，那么从长远的观点来看它们就更有可能获得成功。七是公民权和公共服务比企业家精神更重要。新公共服务理论认为，与那些试图将公共资金视为已有的企业管理者相比，乐于为社会做出有意义贡献的公务员和公民更能够促进公共利益。

第二节　行业的指导地位与作用

高等教育的性质决定了其与社会经济紧密相连。其专业设置、培养规格、毕业生就业等都与行业、企事业单位有着直接关联。校企合作教育中的许多重大问题都不是一个主管部门所能解决的，要求多个部门综合协调，共同完成。因此，建立一个具有高效协调能力的机构十分必要。

政府对企业和高等学校的管理已经从直接管理者转变为引导者和调控者。由于政府在规范的市场经济中，不再过多地依靠行政手段干预学校和企业的行为，因此仅仅由政府去规范、协调学校和企业之间的关系是不够的。在这种情况下，许多管理、服务、协调、指导的职能就必须依赖行业组织进行。因此，行业组织在校企合作办学中的指导地位和作用就显得十分突出。

一、行业组织的指导地位和作用

（一）行业组织的地位

行业组织是由法人或其他组织在自愿基础上，基于共同的利益要求组成的一种民间性、非营利性的社会团体。行业组织是一种民间性组织，它不属于政府的管理机构系列，是政府与企业的桥梁和纽带。行业组织是介于政府、企业之间，商品生产业与经营者之间，并为其服务、咨询、沟通、监督、公正、自律、协调的社会中介组织。行业组织是行业成员利益的代言人和维护者，是我国民间组织社会团体的一种，即国际上统称的非政府机构，又称为 NGO，属非营利性机构。

行业组织是本行业职业资格标准的主要制定者，是市场信息的传播者，是学校专业培养目标制定的指导者。在政府的主导下，发挥行业组织对企业承担高等教育培训的指导作用。由于行业组织是连接政府、学校和企业的桥梁，因而行业组织既可以协助政府实施各项政策法规，又可以将学校、企业方面的有关信息反馈给政府；既可以对学校与培训机构提供指导服务，又可以对他们进行监督评估。行业可以运用自身的组织优势，发挥行业的指导作用，协助政府办好校企合作教育。

（二）行业组织的作用

行业组织在校企合作教育中可以代表学校和企业向政府提出建议，扩大学校与企业合作的空间，改善校企合作的内外部环境；可以代表企业参与学校的管理，对学校的专业设置、人才培养规格提出要求和建议，完善人才培养的资源条件。行业组织可以通过以下几方面在校企合作中发挥指导作用。

1. 行业组织可以促进企业与学校的相互合作

首先，行业组织最了解本行业的技术发展水平，了解本行业需要什么样的人才，需要多少这样的人才。行业组织可以借助劳动力市场供求信息发布平台，系统、准确、及时、权威地发布劳动力市场供求信息。其次，行业组织作为各个行业企业的指导者，能够动员所属企业参与高等学校的校企合作教育。最后，行业组织可以有针对性地指导那些没有足够能力承担人才培养任务的中小型企业，通过彼此之间的联合以及依靠大型企业的帮助，参与高等教育的校企合作，保证整个行业的良性发展。

2. 行业组织可以规范本行业的校企合作教育

行业组织由于集中代表了本行业的共同利益，对行业内企业有一种天然的约束力，因此，行业组织可以规范本行业的相关企业按照统一的章程开展校企合作。通过发挥行业组织的规范和指导作用，可以使企业和学校摆脱不规范的校企合作管理制度，建立起理论联系实际和科学高效的校企合作教育制度。各行业组织负责指导企业内部校企合作教育的许可、咨询、考试及监督，其中包括审查及确认培训企业的资格；缩短与延长培训时间；制定结业考试条例，组织与实施期中考试、结业考试。

3. 行业组织可以有效地推进教育教学改革

我国国家级各专业的教学指导委员会均有行业组织的参与，行业组织可以作为高等教育各专业的行业代表，在专业布局、课程体系、评价标准、教材建设、实习实训、师资队伍等人才培养的多个方面，发挥重要的指导作用。行业组织通过指导加强专业建设、规范专业设置管理、更新课程内容、调整课程结构、探索教材创新、开发教学指导方案，遵循教育规律和人才成长规律，推进高等学校的教育教学改革工作，构建适应经济发展方式转变和产业结构调整要求、体现现代教育理念、校企合作协调发展的高等教育课程体系，促进学生全面发展，培养符合社会经济发展所需的合格人才。

（三）需要解决的问题

尽管我国的行业组织在政府的主导下，积极参与企业的管理，发挥了行业性组织的桥梁作用，建立起连接企业、学校和政府的桥梁和纽带，为政府提供政策建议和咨询，在行业内形成企业参与校企合作教育的一定氛围。但是，在我国行业组织在指导校企合作教育中，还面临着不少问题。

1. 要赋予行业组织相应的法律地位

高等学校和行业、企业仍然各行其是，造成了高等学校学生就业难、行业和企业招聘难的尴尬局面。因此，国家要加强立法，赋予行业组织参与校企合作教育与培训方面管理和决策的权利，使行业组织能合法、合理地介入校企合作教育和培训中。

2. 要强化行业组织必要的管理职能

行业组织的协调、指导作用，使行业组织作为政府、企业与学校的中间环节，在高等教育人才培养中发挥作用。长期以来，我国没有形成强有力的行业组织，企业在缺乏集体利益代表的同时也缺乏行业组织的内部约束。在实施校企合作的过程中，由于缺乏行业组织对于行业内企业承担校企合作教育的统筹和管理，不能有效地约束企业在校企. 合作教育中履行责任。所以，要规范行业组织的建设，并强化行业组织必要的管理职能。

3. 要给予行业组织相关的优惠政策

尽管政府的相关文件要求行业组织要指导校企合作教育，但是由于行业组织属于民间的社会团体组织，是非营利性机构，因此政府要求行业组织全面指导产教结合、校企合作，行业组织也会面临诸多困难。政府可以通过财政、税收等手段鼓励并要求行业组织指导校企合作，允许行业组织按照国家规定提取的教育培训经费用于实习的支出计入教育培训经费总额等。

4. 要发挥行业组织具有的特殊优势

尽管校企合作的双方均认识到行业组织参与校企合作的必要性，但是在合作中往往只是学校和企业双方的事情，而忽略了行业组织的指导作用。由于行业组织参与制定职业能力标准和国家资格证书制度，因而借助行业组织的优势，通过其指导学校的课程设置、专业设置、校企合作教育的决策和管理，可以减少校企合作教育与培训的盲目性，提高校企合作教育与人才培养的质量。

二、行业组织发挥指导作用的实例

德国的职业教育有三级管理机构：联邦、州和地区、行业组织，行业组织属于第三级，即地区一级的职业教育管理机构。德国法律规定，所有企业必须在本区域内的行业组织登记，参加相应的行业组织。这些行业组织主要包括工商行业协会、手工业协会、农业协会、律师协会、医生协会等，他们是经济界的主管部门，拥有很大的职权，其中最大的行业组织是工商行业协会，其次是手工业协会。

德国行业组织在职业教育中发挥着重要的指导作用。行业组织的一项重要职能是对承担职业教育工作的企业进行教育资格和质量评估、认证，认证的内容包括：企业主本人的素质是否符合要求，如企业主的人品和专业素养；企业培训物质条件是否达到相关规定，如必需的培训场所和培训设备等。

德国职业教育与培训的一个明显特色就是实行“双元制”。“双元制”是按照行业标准，由招收学徒的企业和职业学校共同培训学生，并以企业为主的一种职教模式。行业组织指导职业教育与培训的管理，如审查管理教育合同、确定培训时间、修订审批教育期限、定期检查合同执行情况等，他们特别关注学徒的工资、工作时间和假期。因此，行业组织的管理是德国“双元制”职业教育与培训正常运行的关键一环。

德国行业协会负责组织学徒考试和职业资格的认证工作。按照德国法律规定，行业组织负责进行国家承认的职业培训结业考试。毕业考试由行业组织任命的考试委员会统一组织进行。结业考试一方面评定学徒的学习成绩；另一方面确定学徒今后是否胜任他们所选择的职业或工作。结业考试是一种“三证合一”的考试，即通过考试可获得考试证书、培训合格证书和职业学校毕业证书。这种由企业和学校承担教学、行业组织负责考证的制度，即教学、考证分离的制度，有利于保证所培养学生的质量。

德国行业组织密切关注着产业结构调整和岗位需求变化，并根据相应变化及时调整行业的教育政策，促进了政府、企业和职业学校之间的合作，减少了资源浪费，提高了职业教育与培训的质量。德国行业组织的职责还包括仲裁企业和学校之间的培训纠纷，接受企业和职业学校就培训问题所进行的相关咨询，并协调学校与企业在教学安排上的矛盾，与教育主管部门沟通职教信息等。

第三节　企业的参与地位与作用

推动企业参与校企合作教育，关键在于能否让企业从校企合作中享受到实惠，给企业能否带来相应的经济利益。企业参与校企合作教育，能否获得相应的税收减免或财政补贴的优惠政策，企业能否从校企合作中获得转化的科研成果，也是企业能否为学校的实践教学活动提供平台的关键所在。

一、企业的地位

企业参与校企合作教育的目的，一是履行现代企业应尽的社会责任；二是成为产教结合、校企合作的直接受益者。

在校企合作教育中企业的利益主要体现在两个方面：直接利益和补偿性利益。直接利益即企业通过参与人才培养把产业部门对人才的要求直接反映到教学计划中，反映到人才培养的过程中去，从而获得企业急需和满意的人才。人才是校企合作的动力和核心，企业参与是以获得企业满意的人才为出发点。补偿性利益是指企业参与校企合作教育的目的不仅仅是人才培养本身，而且希望在新产品的开发、技术改造、人员培训和科技咨询等方面得到高等学校的支持，企业参与校企合作教育更多的是要获得科技服务等补偿性利益。这也是目前很多企业积极参与校企合作的重要动力因素。

二、企业的作用

互惠互利原则是校企合作教育应遵循的基本原则，也是企业参与校企合作并发挥积极作用的动力。在校企合作中，企业通过以下方式发挥着其参与作用。

（一）实现资源的有效利用

高等教育的人才培养，尤其是应用型大学的人才培养，不是仅仅通过课堂教学就能完成的，也不是单单靠实验室就能造就出来的。尽管各级政府为改善学生实习、实训环境，解决大学生实习、实训困难的问题，加大了投入的力度，各高等学校均建立了各类校内实习、实训基地，这些基地在人才培养中发挥了重要的作用。但是很多校内基地面临着后续设备更新与改造的困难，所需经费学校难以承担。而纯消耗性实习、实训存在的问题很多，除了经费之外，学生仍缺乏实战环境的锻炼。从实验设备而言，如果通过企业参与实现资源共享，可以大大节约各种仪器设备的费用，从而降低人才培养的成本。更重要的是企业参与会给人才培养提供完全真实的技能实践和训练的环境和场所，这一点是任何模拟实验室都难以替代的。

(二)获得相应的利益

企业参与校企合作教育的目的不仅是人才培养本身，而且希望在新产品的开发、技术改造、人员培训和科技咨询等方面得到高等学校的支持，而高等学校为实现人才培养、科学研究和社会服务三大职能，也积极开展校企合作，从而使企业在参与校企合作中获得多方利益。

(三)履行企业社会责任

企业社会责任是指企业在创造利润、对股东承担法律责任的同时，还要承担对员工、消费者、社区和环境的责任。企业的社会责任要求企业必须超越把利润作为唯一目标的传统理念，强调要在生产过程中对人的价值的关注，强调对社会的贡献。企业通过各种方式参与校企合作，是履行企业社会责任的重要表现和途径之一。

三、需要解决的问题

必须建立一个完善的动力激励机制，创造企业积极参与校企合作的有利条件。企业要参与校企合作就必须投入相应的人力、物力、财力，但由于高等教育投入周期长、见效慢，企业就会感到沉重的压力，所以很多企业认为参与学校教育只会增加成本，很难获得收益，影响企业参与校企合作的热情。

(一)国家需完善配套的法律法规

我国应借鉴欧美等国家的经验，出台相应的政策，制定相应的法律法规，建立一完善的动力激励机制，创造一种校企合作双赢的局面。企业参与校企合作教育，是现代企业应当履行的社会责任。从长期而言，通过校企合作教育，企业也是产教结合、校企合作的直接受益者。政府对积极参与校企合作的企业应在税收减免或财政补贴方面给予必要的优惠，出台相应的配套措施保护企业的利益，促进企业的发展，保护企业参与校企合作的积极性。

(二)高校需提升服务社会的能力

增强高等学校的科学研究实力是促进企业参与高等教育人才培养的有利条件。通过技术攻关、新产品开发等科研合作，促进人才培养的合作是目前很多高等学校较为成功的做法。高等学校具有研发的基本条件，无论是研发设施还是研发人员均比企业优越。而且高等学校素来有进行科研的职能，也有相当数量科研成果的积累和储备。高校可以通过企业转化自身的科研成果而获得收益，企业也通过引进高校的科研成果提升产品的竞争水平。

(三)企业要履行应尽的社会责任

部分企业对校企合作的重要性认识不足，国家也没有规定企业必须承担培养人才的任务，因而企业觉得培养人才是高等学校的事情，与企业关系不大。部分企业认为参与校企合作得不到国家的任何政策优惠，反而会增加企业的麻烦和负担，影响了企业参与校企合作的动力。政府应采取相应的组织形式，对企业履行校企合作的责任进行督导、检查、评估，促使企业提高参与校企合作的积极性，自觉履行企业社会责任。对于享受校企合作成果而没有参与校企合作的中小企业采取相应措施，使其适度地分担人力开发成本和校企合作教育的发展责任，营造一种全社会积极参与校企合作教育的局面。

第四节　学校的主体地位与作用

学校积极推动校企合作教育的目的，是培养社会需要的合格人才，促进学校的教育教学改革工作。由于校企合作的最终结果是实现“育人”的目标，因此，学校在校企合作教育中居主体地位。

一、学校的地位

培养社会需要的合格的毕业生是高等学校服务于社会的重要职责。在校企合作教育中，高等学校居于主体地位，是产学教育、校企合作的积极倡导者和实践者。特别是对于应用型大学而言，为了适应现代社会知识经济的飞速发展，为实现应用型大学的人才培养目标，开展合作教育、校企合作是培养合格人才的必由之路。

二、学校的作用

学校在校企合作中发挥着积极和主动的作用。但是，由于人才培养规格不同、在创新型国家战略体系中所处的位置不同、实现职能的侧重点不同，因此研究型大学、应用型高校与高等职业院校在开展校企合作时，也有各自不同的方式。研究型大学为了将科研成果服务于社会，多开展以科研为主要目的的校企合作；应用型大学以培养应用型人才为目的，多开展以教育为主要目的的校企合作；高等职业学校以深厚的职业教育基础为背景，多开展技能培训为目的的校企合作。

三、需要解决的问题

（一）与企业合作开展的实习、实训不能满足高校人才培养的要求

在企业进行实习的时间较短，时间安排上不够合理。企业很少提供劳务报酬。由于学生到企业实习很少能够在第一线进行生产性操作，没有机会为企业创造价值，因此企业不可能付报酬给实习学生。相反，由于影响了企业的正常生产秩序，学校反而要向企业支付实习费用。因此，这种实习没有能够实现教学与服务的结合。

开发能够成规模实习的合作企业对高等学校是一大挑战。一般来说，工科类专业较容易落实集中实习，经管类专业则难以集中实习。

（二）毕业设计（论文）与企业需求的结合有待加强

就毕业设计（论文）与企业需求的结合而言，工科类专业具有先天的优势，而经管类专业则很困难。但即使在工科类专业来自企业的毕业设计选题也往往很少在企业中得到实际应用。指导教师和企业往往认为毕业生的技术水平有限，其毕业设计还达不到用于企业实际需要的水平。一些教师只是通过与企业界的关系，了解到企业急需解决的（有些是已经解决了的）技术问题，挑选出认为适合该专业学生水平的问题，分解成毕业设计的选题，让学生选择并指导学生完成。学生完成的毕业设计并未真正被企业采用，指导教师认为理想的状况也只是学生的

设计中有一些灵感可以提供给企业借鉴。这种毕业设计显然不能达到教学、科研与服务相结合的目的。

完成毕业设计(论文)的地点基本上在学校而非企业。国内普通高等院校由于实习时间有限,学生也只能搜集相关资料,最后还是回到学校的实验室进行毕业设计以及制作。即使是来自企业的毕业设计选题,其完成地点也大多在学校的实训中心。

(三)鼓励教师参与企业实践的制度尚未建立

虽然很多高等院校大都希望教师能够参与企业实践工作,但是学校管理者对于教师将部分工作时间用于企业咨询服务存在顾虑,口头的鼓励和制度上的限制成为一种矛盾,阻碍了教师投入时间和精力用于企业实践。尽管我国很多的校、院、系领导均认识到教师兼职有利于实践教学,但是学校行政管理部门担心这种现象会导致管理混乱。

第九章 校企合作程序、模式、形式及层次

第一节 合作程序

一、洽谈

在校企合作谈判过程中，学校和企业要在以下方面达成一致，或者对以下内容具有相同看法和共同目标，以便更好地实施。

(一)合作模式确定

根据双方各自情况阐述，确定合作办学的合作模式。这个问题是关键，因为模式决定着人才培养方向和培养目标。

(二)目的与动机

校企合作在于促进高校和企业互利合作、互利双赢；实现资源共享，促进教学相长，提高学生综合素质和岗位技能；解决学校教育经费投入不足的问题；达到学校、企业、学生三方满意的效果。

(三)办学层次和机构设置

根据企业需要，根据学校自身情况，达成同时满足双方的层次合作，更好地解决学生的出路问题，不可盲目追求高端或者超出自身的人才培养能力，来达成有损自我形象的事情或者目的。同时根据双方人员构成，可以设置一定的合作组织机构，来更好地完成合作计划和合作实施的组织领导责任。

(四)专业及培训、期限

双方根据供需关系，确定合适的专业进行合作，建立“校中厂”或者“企中校”。同时洽谈有关师资的配备和师资的建设，确定生源选拔和监督机制。在生源方面可以双方同时进行，就是学校选拔一批，企业选拔一批，进行双边不同程度的培训

和教学，以达成更好的效果。

（五）效益以及产权管理

效益问题也许是双方合作的核心问题，企业是以利益为核心的，在谈到这个问题时，学校也要考虑效益问题，要考虑企业的投入和产出问题，确定双方的财务关系以及财务核算标准，对收益以及产权都要明确划分和说明，不能含糊其辞，给双方合作制造障碍。

（六）安全与防范

不管双方以何种方式合作，都会有双方人员交错异地学习，在交通、实训、顶岗等方面都要进行安全教育以及安全防范，要有应急预案以及预案管理，在防火、防盗、防污染等安全点上都要有共同的有效应对措施。

二、协议

只要双方对合作方向、目的、权利和义务进行阐述并达成一致，就可以达成一定的协议。不过协议在生效和出具前需要做以下工作。

（一）起草协议

这个环节一般是双方确定某一方进行协议的起草或者草拟。起草好的协议要经过校企合作办公室的审查。

（二）资产评估

评估问题是协议里面不可缺少的部分，因为合作双方毕竟有或多或少的资产或者资本的投入，这个就涉及评估的问题。比如企业捐赠的设备、仪器或者软件等要经过评估公司的评估，确定其价值，学校出具的场地或者实训基地都要进行产权的确定以及资产的评估，对提供的水、电、网、电话等资源配置进行考核，是否满足双方需求；对投入过大，或者涉及资金额度比较大的项目，必要时要请审计部门进行审计。

（三）协议签订与公正

协议要在合作办公室主持下举行签字仪式，双方负责人签字盖章生效，必要时请专业律师进行现场公正或者对协议内容进行法律鉴定和公正，保护双方的合法权益，也使双方合作在阳光下进行。协议如有必要时到上级部门进行备案。

三、实施

签订协议后的第一步就是进行生源计划的落实和实训基地的建设了。这是双方合作的第一步，也是很重要的一步，对协议有效实施具有很重要的意义。

（一）生源问题

关于生源问题，对学校来说不是什么大事，一是纳入当年的招生计划；二是从现有学生中进行挑选；三是企业提供合适的人选进行培养。

（二）实训基地建设

实训基地建设关系到企业驻校的时效问题，除了选择好施工队以外，要对施工现场进行严格的控制，避免噪音影响学校的正常教学。对安装、整修、装修、重建的实训基地进行安全评估，确保不会造成不良的后果。

（三）安排正常的教学任务

落实教学计划，进行正常的教学活动，协调驻厂工作人员的生活起居和证件、车位的办理，并将学校的管理手册和制度造册转交给相关人员。

（四）评价

在校企合作实施以后，要进行绩效评价，提交总结报告。合作期满后，按照协议规定，应当终止合作；如若还有继续合作的意向，可继续签订合作协议。

第二节　合作模式

一、国内校企合作的一般模式

在市场经济的条件下，企业最大的目的是追求更高的经济利润，它需要学校培养适应生产需要的人才，然而企业对人才的培养则没有责任与义务。同时，学校以教学为教师工作的第一位，教学成果及工作量等仍是评价教师的标准。政府缺乏有力的财政和政策支持，学校、企业认识不到位等问题，这些都使得校企合作难以形成长远的人才培养目标和成熟合作机制，校企合作表现为一种自发的、浅层次的、松散型的状态。

(一)“订单式”人才培养模式

所谓“订单式”人才培养模式，是指作为培养方的高职院校与作为用人方的企事业单位针对社会和市场需求共同制订人才培养计划，签订用人订单，并在师资、技术和办学条件等方面合作，通过“工学交替”的方式分别在学校及用人单位进行教学，学生毕业后直接到用人单位就业的一种人才培养模式。

1.“三赢”举措

“订单式”人才培养模式，不仅有利于整合社会优质教育资源，充分发挥高职院校服务地方经济建设的功能，而且还可以极大地调动学校、学生和企业的积极性，因材施教，提高人才培养的针对性和实用性，实现学校、企业和学生的“三赢”。对学校来说，保证了学校在人才培养时的有的放矢，针对用人单位需求和实际岗位需要，调整专业和课程设置，调整教学内容和教学方法，培养职业技能，保证学生的就业；对学生来说，订单式培养模式，使学生学习目标明确，增强了学习的积极性和针对性，提高了学习效率，也不太需要为就业浪费大量精力；对企业来说，保证人才培养的优质高效，使学生能够很快适应工作岗位，为企业的人力资源提供了充足的补给。

2.局限性

“订单式”人才培养模式的局限性在于，受“订单”的约束，容易造成学生知识结构上的狭窄和单一，影响其进一步深造和发展；同时，使学校在教学建设和学生培养手段等方面具有一定的短期性，影响教育资源效益的全面提升。此外，企业对人才需求要求高，能进行订单培养的企业不多。

3.灵活性

招生前与企业签订联合办学协议，录取时与学生、家长签订委培用工协议，实现招生、实习、就业联体同步。校企双方共同制订教学计划、课程设置、实训标准；学生的基础理论课由学校为主完成，专业课由企业为主完成，学生的院内实训环节企业参与指导，学生的生产实习、顶岗实习在企业完成，学校派人参与管理。毕业后即参加工作实现就业，达到企业人才需求目标。

4. 广泛性

学校要有选择“订单”企业的意识，学校与企业在市场经济条件下联姻，应该是一个多赢的统一体。学校与企业之间的需求是双向的，学校在联姻企业的过程中，要能经受得起企业的挑选，但是也要有挑选企业的勇气与能力。在有条件的情况下，学校要建立起充足的“订单”储备库，通过多种渠道，采用多种形式，广泛接触企业，与企业保持良好的亲密联系，形成足够数量的校企合作伙伴。学校要设专人经常走访企业，并利用参观、见习、下厂定点实训、毕业实习等机会保持与企业的联络，也要通过举办校园开放周、校企合作洽谈会、创业者报告会、学生技能汇报展示会等活动，邀请企业界人士走进校园，让学校、企业建立起全方位的交流平台。只有这样，学校才能在选择企业的过程中，通过数量上的基本保证，提升校企合作的质量。

(二)“2＋1”人才培养模式

“2＋1”人才培养模式是指三年制的教学两年在学校组织，一年在企业进行。校内教学，以理论课为主，辅之以实验、实训等实践性教学环节；学生在企业的一年以顶岗实习为主，同时，学习部分专业课，结合实习经历选择毕业设计题目，在学校与企业指导教师的共同指导下完成毕业设计。“2＋1”模式强调的是对学生综合素质、动力能力和解决实际问题能力的培养。其实质是由校企两个育人主体在校企两个育人环境中培育学生做人、做事的本领，目的是使高等职业教育培养的人才能够满足市场的需要。“2＋1”人才培养模式的局限性在于，学校很难帮助学生联系到合适的企业能接纳这么多学生，学生自己也很难找到合适的实习岗位，为学生提供顶岗实习的单位也很少，使一年在企业的实习流于形式，达不到预期的效果。这种模式在边远山区或者西部落后区域与东南沿海经济发达城市合作的比较多，也容易开展，具有一定的优势，但是在学生培养上缺少更多的保障，许多学生就业去向不明。

(三)“工学交替”人才培养模式

1. 培养方案

“工学交替”人才培养模式是一种学校与企业共同制订的人才培养方案，学生到企业生产实践与在学校学习相互交替，学用紧密结合的合作教育模式。学校和企业共同制订教学方案和教学计划，第一学期到企业实习，由企业负责学生的入学教育与专业思想教育，学生通过轮岗学习，了解现代企业的管理和生产技术，了解企业员工的职业素质和能力要求，感受企业文化；第二、四、五学期学生在学校进行基础理论与专业知识、技术技能的学习，第三学期又到企业顶岗参加生产实践，第六学期则独立上岗并完成毕业实习和毕业设计。学校在保证专业需要的基础上，以实践教学为中心，以就业为导向，以职业素质和技术应用能力培养为核心，改革课程结构和教学内容。

2. 优缺点

“工学交替”的人才培养模式是一种企业全面参与，突出实践教学，重在培养学生职业素质、职业能力，学用紧密结合的合作教育模式。“工学交替”人才培养模式最大的优点是边实践边学习，这样在实践中遇到的问题可以通过理论学习来解决，提高了学习的积极性和针对性，在理论学习中的知识可以通过实践来强化加深印象，能收到较好的学习效果。本模式的局限性在于，对参与“工学交替”模式合作的企业要求较高，一般需要具备以下条件：生产规模较大，生产技术能代表国内某一行业的先进水平；企业高层管理人员对高职教育有比较全面的认识；企业对高技能人才有较高的要求。

3. 各方所得

对学校而言，校企合作可以了解社会对人才培养的要求，及时调整学校在师资培养、专业设置、课程设置、教学计划与方式等方面存在的不足，从而有针对性地开展教育教学革新，提高人才培养质量和整体办学水平，达到培养高素质技能型人才的办学目标，同时可以利用企业提供的实习实训场地、设备、技术人才等，很大程度地减少学校在实习实训设备上的巨大资金投入，提升师资队伍的专业素养和内涵建设，培养理论与实践相结合的“双师型”教师，也大大减轻了学校在师资队伍培养方面的压力。

对企业而言，一方面能够借助高职院校的精密仪器和高学历知识型人才，进行新产品的研发、新技术的引进、设备的改善等；另一方面能够利用学校资源对企业员工进行继续教育，提升在职员工的理论水平和自身素质。同时能够在参加实训的学生中优中选优，降低人力资源成本，并挑选到最适合自己企业的人才，提高员工的质量。

对学生而言，让学生以企业员工的身份进入企业进行生产实习，使学生切身体会企业真实的工作环境、企业的生产方式及管理模式，了解企业对员工综合素质和岗位技能的要求等，学生能够感受到自身条件与企业要求之间的巨大差距，因此他们能够明确学习目标，同时也大大增强了学生学习的自觉性、主动性和积极性。在这个过程中，教师因为经常深入企业实践，使教师的实践教学能力也得到很大的提高。企业顶岗实习有利于学生职业心态的磨炼，也有利于培养他们对企业文化的快速融合能力和适应能力。

对社会来讲，校企合作能够改善就业环境，提高就业率，为地方经济和社会服务，实现人才供需的可持续发展。通过校企双方的深度合作，共同开发新产品、改善新工艺等，提高社会服务能力，推动区域经济的发展。

（四）其他模式

我国在职业教育过程中，随着市场发展变化出现的教育模式归纳起来比较多。除了以上主要的模式外，还有以下比较零散、复杂、灵活的教育模式，虽然不是主导模式，但也是客观存在的，值得我们分析研究。

1. 全方位合作教育模式

所谓“全方位合作教育模式”是指政府、学校和企业在合作教育中都要投入必需的人力、物力和财力，对合作教育项目负有相应的教育管理责任，合力提升教育教学质量，实现“多赢”的合作教育模式。全方位合作教育最大的特点是有政府的参与，政府在全方位合作教育中扮演多重角色，政府可以是领导者，站在战略的高度，促进高等职业教育的发展，培养高技能人才，满足市场需求，促进产业发展，服务社会，从而形成多赢的局面；政府也可以是参与方，投入自身的资源，参与合作；政府同时也是中介方，通过提供政策支持和经济补贴等措施来促进学校和企业的合作，从中起到催化剂的作用。全方位合作教育需要合作方共同努力，整合优势资源，实现“多赢”的局面，因此，全方位合作教育的条件要求是最高的，不但合作方要有共同的合作教育理念，而且要有彼此合作的利益点。此外，还需要具有较为完善的校外实训基地，具有双师型的教学力量，更重要的是要有教育教学资金保障，才能使合作教育进行下去。

2. 教学见习模式

学生通过一定的在校专业理论学习后，为了解合作单位的产品、生产工艺和经营理念及管理制度，提前接受企业文化、职业道德和劳动纪律教育，培养强烈的责任感和主人翁意识，到合作企业对企业工作程序及生产、操作流程等进行现场观摩与学习；并安排学生实地参与相关工作、亲自动手制作产品、参与产品管理，较为系统地掌握岗位工作知识，有效增强协作意识、就业意识和社会适应能力。

3. 顶岗实践模式

顶岗实践是在校内完成教学计划规定的全部教学环节后，采用学校推荐与学生自荐的形式，到用人单位进行为期一年的顶岗实习。学校和用人单位共同参与管理，合作教育培养，使学生成为用人单位所需要的合格技术人才。

4. 共建“双师型”教师队伍

积极开展以“职业学校领导干部、教师到企业挂职顶岗，聘请企业领导、技术骨干、能工巧匠到职业学校兼职”为主要内容的校企“双向挂职”活动，建设高素质“双师型”教师队伍。

5. 共建实训基地模式

学校根据专业设置和实习教学需求，本着“优势互补，互惠互利”的原则与有发展前景又有合作意向的企业共建实训基地。这些基地不仅可成为师生接触社会、了解企业的重要阵地，学校还可以利用基地的条件培养学生的职业素质、动手能力和创新精神，增加专业教师接触专业实践的机会，促进专业教师技能提高；企业也可以从实训学生中优先选拔人才，满足企业日益增长的用工需求，达到“双赢”的效果。共建实训基地可以在校内，也可以在校外。

合作共建实习实训基地，努力提升职业院校基础能力。大力推行“把教室建在车间，把车间建在学校”的校企共建实习实训基地模式。各职业院校要积极争取合作企业的技术、资金、设备支持，吸引合作企业到学校共建集生产、实习实训功能于一体的生产车间，在生产产品的同时承担学生实习实训任务。职业院校也可通过签订协议、在企业挂牌等形式，在合作企业建立相对稳定的实习实训基地。职业院校要根据合作企业岗位需求，主动调整教学计划，增加顶岗实习时间，确保中、高职学生到企业顶岗实习时间分别不少于一年和半年。

6. 共建产业园区模式

按照“先进性、系统性、持续性”原则，积极引导符合学校专业发展的企事业单位和团体，来学校投资建立生产性实训基地、研究院所等产业园区。通过共建产业园区模式，可提升学校办学实力，提高教师科研实践能力，实现产学研有机结合。

7. 合作建立职工培训基地

根据各企业职工培训特点及不同培训方向或培训教学的需要，与相关企业合作建立各种形式的职工培训基地。职工培训基地的地点可以在企业也可以在学校。

8. “企业学院”人才培养模式

“企业学院”人才培养模式是以企业为主的合作办学模式，是为了满足人才市场对某一行业人才的需要，学校与在人、财、物具有优势的某一企业合作办学，其所办学校由企业管理，共同培养国家和社会发展需要的特定行业应用性专业人才的一种办学模式。企业学院可以是非独立法人合作型，也可以是独立法人合作型。这种模式对企业要求较高，首先，要具有雄厚的经济实力，能够为学校提供经费支持；其次，具有较强的无形资源，在社会或某一行业具有较高的地位和影响，可以整合某一行业资源，凝聚行业优势弥补高校办学条件的不足；最后，企业对行业的业务及运行规律非常熟悉，对教学规律有一定的了解，对办学有很强的责任心，使学生通过学习能熟练掌握该行业的专业技能，毕业就能胜任工作岗位的要求。企业可以在办学过程中提高知名度和美誉度，从而提高了无形资产价值。

我们要从改革职业院校办学模式的认识高度来理解校企合作对于职业教育的深刻意义，通过在培养目标、专业设置、课程内容以及师资队伍建设等诸多方面进行卓有成效的合作，使传统的职业教育来一次脱胎换骨的变革，从而构建起具有中国特色的、真正体现“以就业为导向”的职业教育新体系。

二、根据办学主体不同划分的校企合作办学模式

按照办学主体的不同，目前我国行业企业参与职业教育的形式大致可归纳为“学校主体”“企业主体、学校主导”“企校一体”和“多元主体”等主要模式，不同的模式有不同的运行机制，并呈现出各自的特点。

（一）“政校行企”四方联动之“学校主体”模式

基于“政校行企”四方联动的“学校主体”模式，其特点是要求政府、行业、企

业、学校在推进校企合作中形成和谐的“生态圈”，坚持政府主导、市场运作、多方投入，由政府引导各方资源，各方利益要合理架构，实行市场化运作，切实为区域产业转型升级培养适用人才。其运行机制是“政府主导、行业指导、学校主体、企业参与”，这也是目前行业企业参与职业教育较为普遍的一种运行机制。政府主导是指宏观指导，制定相关政策措施；行业指导是指参与学校制定人才培养方案和规范标准；企业参与是指共育人才、共建专业、共同开发课程、共建共享实训基地、共享校企人才资源、共同开展应用研究与技术服务等；学校主体是指发挥自身优势，提供场地、设备和师资，吸引行业企业参与校企合作。例如，温州职业技术学院与温州市服装行业协会合作共建温州服装学院，同时温州市政府将温州服装创新平台设在该院；行业协会则在合作中牵线搭桥，推荐行业龙头企业与学院合作，推荐毕业生去企业工作，提供行业最新资讯和合作项目等。

“政校行企”四方联动模式的优点是：有利于改变以往行业企业参与职业教育积极性不高的问题，明确了校企合作中职业教育各举办方应扮演的角色定位，能够充分调动政校行企四方参与办学的积极性，回归了职业教育“跨界性”的本质属性。缺点在于不能满足各参与方之间利益的平衡与统一，忽视了利益驱动和利益分配机制的建立；不能有效解决主体地位迷失及“政校行企”职责错位的问题，需要进一步明确“政府主导什么、怎么主导，行业指导什么、怎么指导”等一系列问题，既不能使弱化的企业主体地位得到明显强化，也不能使强势的学校主体地位得到平衡，还可能因政府的指令性行为压制了行业的“指导”作用，导致校企间的合作教育“换汤不换药”，校企合作流于形式。

（二）校企共同体之“企业主体、学校主导”模式

基于校企共同体的“企业主体、学校主导”模式实质上是一种“双主体”模式，其运行机制是由校企双方共同组建理事会，实行理事会领导下的院长负责制，企业方出任理事会理事长（凸显企业主体地位），校方出任二级学院院长（强调学校主导地位），以理事会章程的形式明晰校企双方的责任、权利和义务，在确保企业赢利和学校育人的双原则下开展合作。在校企共同体中，校企各自选派人员担任校企共同体理事会和院务班子成员，推行二级学院院长与企业厂长（经理）联席会议制度，推行专业组长与车间主任、教师与师傅对接制度。

“双主体”模式是一种较为理想的行业企业参与职业教育的运行模式，是在“政校行企”四方联动机制模式上对职业教育“跨界性”的强化，其特点是“企业主体、学校主导”。优点是进一步强化了企业参与职业教育的主体地位，将其扮演的

角色定位由“参与”提升到“主体”的高度，并建立了较为明晰的校企合作利益分配机制、奖励激励机制和沟通协调机制。缺点：一是对行业参与职业教育的积极性调动不够，导致行业角色的缺位；二是在激励企业参与职业教育的动力机制设计上，较多依赖于市场机制的自发调节，而市场机制的调节往往具有盲目性、短视性、趋利性和不稳定性；三是学校的主导定位较难把握，学校很难做到既是合作的组织者、策划者和主要实施者，又是协调者的角色。

（三）教育型企业之“企校一体”模式

基于教育型企业的“企校一体”模式是新生事物，其设计来源于德国的“双元制”。该模式特点是：行业企业直接承担起职业教育办学职责，而只有通过政府教育部门和行业协会共同资格审查并获得认可的企业才能成为职业教育办学主体，这种有资格承担职业教育办学任务的企业可称为“教育型”企业。其运行机制是政府职能部门对职业教育行使宏观管理和经费运作等的监督权，行业组织从整体上把握社会需求和社会经济发展趋势，进行行业人才数量预测、人才规格标准制定、专业审批、质量监控和协助招生就业等指导性工作，学生在学院学习职业课程和基础课程，同时以学徒角色在定向企业接受培训，企业和学校共同完成职业教育内容。该模式具体又可细分为企业完全凭借自己力量独立举办职业教育的自主模式和企业委托学校定向招生的合作模式。目前，国内部分上市公司和大型企业集团相继成立了企业大学与培训学院。

“企校一体”模式的优点是行业企业实质性参与职业教育，将职业教育办学真正明确为行业企业应尽的职责，使之成为行业企业的一种社会责任和义务，是对职业教育“跨界性”的充分体现。教育型企业的培育和成长，能有效解决职业教育领域投资不足和实训设备技术落后的问题，培养符合企业要求的技术人才。缺点是受当前国家经济体制、政治体制、教育管理体制限制，学院、行业企业属于两个不同的体系，合作渠道还未完全打通，地位尚未被承认，因此需要在体制上理顺，政策上对其进行保障和扶持，在观念上增强企业的主体意识，让企业意识到参与职业教育是履行社会责任的重要方面。

现阶段，此种模式更适合于行业代表性企业、高新技术企业参与。因为这些企业往往引导企业发展潮流、制定行业标准，决定行业所需要的人才规格和行业今后发展方向，因此对介入职前人才培养的意识更强烈，并将参与职业教育视为一种社会责任，也深知参与职业教育付出相应成本的同时，获得的是企业在行业中的主动性。

(四)现代职教集团之“多元主体”模式

基于现代职教集团的“多元主体”模式是当前我国职业教育的发展趋势。所谓职教集团是指由若干具有独立法人资格的职业学校及相关企事业单位以契约或资产为联结纽带而组成的职业教育办学联合体。在建设主体上,职教集团属于多方共建型,一般以一所国家示范校为核心,联合地方政府部门、相关职业院校、行业协会及企事业单位等组建而成,其特征表现为具有一定的区域性或行业性。其运行机制是采用契约联结的组建方式,各集团成员保留作为独立的市场主体地位,成员仍保持独立的法人资格,在法律地位上是完全平等的,管理机制一般采用董事会领导下的管理委员会制,职教集团本身一般不具有独立法人资格。目前全国各地都已经开始组建各种形式的行业性或区域性职教集团。

职教集团“多元主体”模式的优点在于有利于职业教育资源的有效整合、融通和共享,有利于促进职业教育改革和中高职教育的衔接与沟通,尤其是突破了体制上的障碍,能充分发挥行业企业的优势,及时掌握行业的最新标准和相关岗位能力要求及近期就业需求信息等,有利于促进校企合作、强化职业教育与行业企业的联系。行业企业的参与度是衡量职教集团建设水平高低的重要标志。由于职教集团本身不具备独立的法人资格,各成员单位地位平等,集团与其成员单位间没有行政隶属关系,其本身的调控能力、办学自主权、运作资金等都非常有限,尤其是吸引行业企业参与的激励机制还需要进一步完善,政府部门作为独立董事参与职教集团也需要明确自身定位。

三、校企合作模式的相关因素与机制建设

任何事物都不是也不能孤立存在,同样,校企合作模式不仅仅涉及学校和企业双方,政府的推动和市场的调节构成了校企合作重要的外部力量。此外,社会历史文化传统、法律法规、行政和行业管理体制、企业生产方式等都构成了校企合作的外部因素。成功有效的校企合作机制的建立有赖于各相关因素正向合力的生成。

(一)校企合作模式的相关因素分析

世界发达国家职业教育发展历程不仅证明校企合作模式是促进职业教育与社会经济协调发展的必由之路,同时也揭示了校企合作的顺利、有序进行需要良好的环境。可以说,校企合作不仅仅涉及教育界和企业界,它更是一项系统工程,

只有各相关因素协调发展和相互促进，形成正向合力，校企合作才能在良好的发展环境中步入健康有序的轨道。

影响校企合作模式的相关因素有很多，归纳起来主要有以下几个方面。

1. 历史文化影响

任何一个民族和社会都有其特定的历史文化，而这种经由历史发展积淀的特定文化会深刻地影响着整个社会人们的价值观和行为。德国的校企合作之所以成为全世界职业教育界的典范，与其悠久的行会传统、德意志民族文化传统中独特的自由观和“社会市场经济”制度是分不开的。悠久的行会传统使学徒培训的企业负责制一直保持在德国企业自我负责的精神与相应的制度中；德意志民族的独特自由观深刻地体现在人们对待企业自治与国家责任的双重认同上；由社会市场经济制度培植的国家援助主义一方面充分保证企业在开展职业教育上的决定权；另一方面固守了国家在职业教育中的责任而行使必要的宏观调控权力。而我国以儒家文化为主的传统文化土壤衍生了当代极度膨胀的学历主义和文凭主义，同时形成了“重理论轻实践”“重科学轻技术”和“学而优则仕”等文化传统，无形中整个社会形成了对职业教育的低认同度。这在很大程度上遏制了职业教育的发展，十分不利于校企合作的开展。

2. 法律政策规定

政府通过制定政策、法规和条例来协调和支持校企合作在其发展中起着至关重要的作用。只有在一定的法律法规体系保障下，才能实现校企双方、教育行政部门与行业组织、学生等各方面的协调与合作。发达国家发展职业教育的校企合作模式，都是依靠立法来规范职业教育体系和相应的管理体制，并不断按照经济社会发展要求进行修订。可以说，我国职业教育校企合作还处在一种自发和应付的状态，在相关法规执行监督方面基本处在真空状态，对于规定企业“应当”履行而事实上未履行何种责任应如何制约，政府并未制定相应的实施条例，从而使企业参与职业教育的义务流于形式。

3. 行业中介组织管理

行业组织由于集中代表了本行业的共同利益，对行业内企业有一种天然的约束力，因此，建立行业组织并由其行使一定的管理监督职能无疑有利于校企合作的顺利进行。这体现在校企合作上，由于缺乏行业中介组织对于行业内企业承担职业教育与培训的统筹和管理，不能约束企业在人力资源开发中履行责任，校企合作的开展缺乏有力的约束和监督。

4. 企业生产方式

企业的生产方式或其追求的生产方式决定其参与职业教育的积极程度。技术密集型企业无疑比劳动密集型企业更关注人力资源的开发，其参与职业教育的积极性也比后者要高。随着科技进步，企业的生产方式发生了重大转变，工业社会大批量的生产方式将为灵活多变、适应性强、个性化的柔性生产方式所取代，这就要求劳动者必须具有一定的知识、智慧及掌握多项技能，从客观上增加了企业对于人力资源开发的需求。因此，企业生产方式的转变加速了校企合作的进程。

（二）两种驱动类型的校企合作模式

职业院校、企业、政府和市场四者构成了校企合作的四要素。职业院校和企业是校企合作行为发生的主体，双方出于各自利益的需要，通过校企合作实现资源共享、优势互补、双赢互动、相互支持，又以各自的社会需求目标为依据，彼此制约，缔造利益共同体。政府作为整个国家和社会的管理者，为促进教育界和企业界的良性合作，制定法律法规和推动校企合作，为校企合作的有序进行提供政策引导和法律保障。市场机制作为资源配置的基础和手段，通过竞争机制的作用，使校企双方感受到合作的必要性和重要性，从而产生校企双方合作的内在动力。

基于不同的社会经济、历史和文化条件，校企合作的驱动力主要来源会有差别，从驱动力来源分，可分为政府驱动型和市场驱动型两种类型的校企合作模式。

1. 政府驱动型校企合作模式

在传统的计划经济条件下，校企合作主要是由校企外部的国家计划和政府行为来推动的，即使有一些自发的合作，也仅仅是一种补充。职业院校和产业部门的经费、设备和材料等都由国家统一调拨，经济界、企业界对员工的需求主要是通过组织调配来实现，在大多数情况下，企业只能被动接受上级组织或人事部门派遣的员工。同样，由于缺乏院校之间的竞争和不必担心毕业生就业问题，职业院校一般只需按照政府的指令计划来培养人才而不必过多地考虑市场的需求。在此种资源配置状态下，合作与否并不威胁到校企双方的生存与发展。这种学校和企业缺乏合作的内在动力而主要依靠政府层面推动的校企合作模式即为“政府驱动型”校企合作模式。

2. 市场驱动型校企合作模式

市场经济条件下，市场机制作为资源配置的基础和手段，校企双方必须主动适应市场竞争的环境，不协作、不联合、不提高自己的竞争能力，其生存就会随时受到威胁，更难论及发展了。随着企业经营机制的转变，企业真正成为面向市场、自负盈亏、自我发展和自我约束的法人实体和市场竞争的主体。由于人力资源是第一资源，企业为了能在竞争日益激烈的市场中立于不败之地，不仅需要一批高素质的科技创新人才和管理人才，更需要大批高素质的技术技能型人才，而与职业院校合作培养人才则更容易满足企业对于技术技能型人才的需求。这样，出于市场竞争的需要，企业必须真正参与教育，深度介入人才培养的过程，这就是产业界同教育界结合的基础。就教育领域而言，职业院校逐渐从过去传统计划体制下的办学模式转为面向市场自主办学。面向市场就是面向国民经济和社会发展的要求，面向地区技术市场、人才市场、劳务市场的需要，确定专业设置、培养规格和教学内容，培养适应性强的专门人才。因此，职业院校在遵循国家人才培养政策的基础上，必须主动寻求与企业界的合作，依据企业界对未来员工的需求来培养人才，以确保培养人才的适需对路。这种在市场经济体制下基于校企双方内在利益需要而获得内生的、可持续源动力的校企合作模式即为“市场驱动型”校企合作模式。

虽然我国已经建立了市场经济体制，但目前我国的校企合作在很大程度上还停留在“政府驱动”的层面上，校企双方尤其是企业一方缺乏合作的内在动力，究其原因，主要有三：一是经济增长方式没有真正转到依靠科技进步和提高劳动者素质上来，企业缺乏参与职业教育与培训的内生动力；二是受生产力水平的限制，企业难以承受职业教育与培训的成本；三是真正意义上的行业组织缺失，缺乏来自外部对企业参与职业教育与培训的约束力。现阶段，由于“以就业为导向”的办学方针已明确提出，职业院校已经深深感受到寻求与企业界合作的重要性和必要性。但在寻求合作的形式上，还比较单一，常见的有“订单培养”“顶岗实习”等，缺乏长久的、可持续发展的人才培养战略。

因此，从校企合作诸要素的互动关系中探求建立新机制，变“外生的计划压力”为“内生的需求动力”，逐步实现校企合作模式从“政府驱动”向“市场驱动”转变，是目前校企合作打开新局面的关键。实现校企合作模式转变关键在于转变政府职能角色，政府应从对职业院校的直接管理转变为宏观管理，扩大职业院校的办学自主权。同时，通过制定和完善政策法规，明确职业院校、企业和政府在校企合作中的责任和义务，借助市场竞争和调节的手段使校企合作内化为校企双方的内在需求，从内外双向推动校企合作的健康发展。

（三）校企合作模式的机制建设

构建有效的校企合作模式，需要加强校企合作机制建设，建立校企合作的动力、激励和约束机制，将有利于保障校企合作长期、稳定、健康发展。

1. 动力机制

强烈的利益驱动是校企合作的动力所在。职业院校参与校企合作是为了培养社会经济发展所需要的人才，而企业参与校企合作是为了获得提高竞争力所需要的人才，二者的结合点是学生，而学生在校企合作中提高了职业能力，提高了就业预期，同时通过参与顶岗实践可获得一定的经济收益。

因此，构建校企合作的动力机制关键在于校企合作如何在最大程度上满足学校、企业和学生三者的利益追求，形成多赢的利益驱动机制。对于职业院校，国家要坚持“以就业为导向”的职业教育办学方针，以人才培养的适需对路来评价职业院校的办学效益，并将其与国家对职业院校的财政拨款相挂钩，深化职业院校对于校企合作重要性和必要性的认知。对于企业，应保护企业参与校企合作的积极性，确保企业在合作中能获得预期的利益，包括：优先获得毕业生的挑选权，可以利用学校资源对职工进行继续教育，依法享有一定的财政补贴或税费减免。对于学生，国家应以法律的形式确保学生在参与顶岗实践中能获得真实的工作体验，并能取得一定的报酬，提高学生的职业能力和综合素质，促进其更好地就业。

2. 激励机制

由于目前我国校企合作的瓶颈在于企业的积极性不高，因此，通过制定和完善相关的法律法规，从政策和制度层面激励企业参与职业教育显得尤为重要。只有解决好企业参与职业教育的激励机制，即解决好企业在参与职业教育过程中的近期和长远利益问题，才能持久、稳定地吸引企业参与到校企合作中来，形成稳定的校企联合办学机制。

首先，国家应建立相关的法律、法规体系，从法律上规定企业参与职业教育的权利、责任和义务。政府在这一法律的框架下，建立校企合作办学的体系、制度和章程等，建立各级校企合作教育委员会来加强对合作教育的指导和协调。同时国家应指导和鼓励企业建立现代企业制度下的企业教育制度，形成一套具有现代企业特色的职前、职后人才培养制度，建立学习型企业，并将此作为对企业家和企业的考量标准之一。

其次，国家应建立企业职业教育利益补偿机制，开征企业职业教育与培训税，规定达到某一经营规模的企业必须承担相应的职业教育与培训责任。对于参与校企合作教育的企业按一定比例减免职业教育与培训税，或税收返还企业专款用于企业职业教育，让企业切实感到参与职业教育既是履行一种社会责任，又是从事一项对本企业经济效益有明显促进作用的事业，激发其参与职业教育的动力。

3. 约束机制

将企业参与职业教育的鼓励性政策与不履行职业教育义务的惩罚性政策法规化，已被证明是激励和约束企业参与校企合作非常有效的举措。可以考虑由国家或行业中介组织制定企业参与校企合作的实施细则，明确企业应承担的具体义务和责任以及相应的惩罚措施，并加强政策的执行力，对于未能履行职业教育义务的企业给予经济上一定的惩罚，以此从法律上形成企业参与职业教育的约束力。

同时，应强化行业组织的管理和监督作用，形成行业组织对于企业的约束机制。政府应鼓励建立非政府非市场的公益性行业组织团体，通过立法赋予行业组织应有的法律地位，在政府的引导下，让行业性组织参与企业的管理。通过发挥行业性组织的桥梁作用，建立起连接企业、学校和政府的中介组织和机构，为政府提供政策建议和咨询，向企业和学校宣传、推广校企合作的成功经验等，在行业内形成企业参与职业教育的良好氛围。

第三节　合作形式

一、基本合作形式

基本合作形式具体讲就是由学校和企业共同建立校企合作工作机构，如校企合作董事会，负责校企合作发展规划的制订。同时，实现学校和企业共同进行专业设置、共同制订课程和教学计划的工作机制。在师资队伍建设方面，以学校为主进行师资培训，提高师资队伍素质。在实习教学方面，学校可建立校内实训基地，组织学生开展实习教学，也可利用合作企业的场所实习。在能力评价方面，学校为企业参与学生能力评价创造好的条件，向企业开展毕业生满意度调查，对毕业生就业情况进行密切跟踪。这种模式，还可以学校为主开展以下工作：一是建立专门的教学研究机构，围绕企业需求开展教学研究活动；二是根据企业需求和自身的办学能力制订招生计划；三是按照企业要求制订学生行为规范。

二、延伸合作形式

这种模式，首先要从根本上建立校企战略伙伴关系，校企共建重点专业高层决策机制，共同确定课程体系，并由企业的专家对学校教师进行有针对性的培训。学校安排高素质的人员参与企业的生产过程、部分重大攻关项目的开发工作，以利于更好地开展教学工作，更有针对性地为企业培养人才。在实习教学方面，可采取校企共建实习基地、产教结合的方式开展实习实训。在能力评价方面，可由校企双方共同建立能力评价制度，开展学生能力评价。另外，还应以校企联合的方式开展教学研究活动。在招生方面，一是由校企双方共同制订招生、培训、就业计划，对学生开展培训，使其达到企业生产基本要求，实现就业；二是学校面向企业接受在职职工，针对工作岗位发展变化的要求，开展短期培训，实现受训职工的技能提升、岗位转换等方面的需要。在学生管理方面，由校企共同实施对学生的操行考评。

三、拓展合作形式

拓展合作形式，即探索实现校企“零对接”合作模式，建立校企人才培养集团或联合体，可采取“一校多企”“多校多企”等方式建立。在专业建设、课程设置方面建立由企业主导的专业建设机制，以企业为主开发培训课程。在师资队伍建设方面，一是由企业专家到学校进行阶段性全脱产教学；二是建立校企融合的师资队伍，即在这种校企合作的师资队伍中，既有学校的教师，也有企业的技师、高级技师，他们既承担培养学生的教学职责，又参与企业的某些技术革新与科技攻关项目，他们的教学能力、教学效果、工作业绩等由学校、企业共同考评。在实习教学方面，应采取引企入校建立实习实训基地、引进校企一体化实习教学管理、在企业厂区建立教学区等多种方式进行。在能力评价方面，建立企业评价学生职业能力制度，根据教学进度，由企业专家会同鉴定组织机构对学生进行分阶段的职业能力评价。在招生就业方面，以企业为主组织招生和培训。在学生管理方面，要实现校园文化与企业文化的有机融合，以利于今后学生在企业的顺利发展。

第四节　合作层次

一、学历层次

合作办某个专业，就是订单式的专业班，针对系内开设的专业结合企业所需要的专业要求来设置，以专业学院的形式设立，或者以某某专业学院的形式共办专业。

合作办数个专业，几个相近的专业资源共享，有效利用，有所侧重，以二级学院的形式设立。

合作办系或者学院，这个主要是针对某些专业的需要，将相似和资源可以共享的专业进行规模化承办，形成系或者特色专业学院。

合作举办综合性的学院或者大学，这个合作是深层次的，需要合作双方对合作专业、学院系进行深度合作。

二、培训层次

这个层次的合作主要是在进行专业合作基础上，针对优势项目对社会和企业内部人员举办培训班、考证班和培训学院，来更进一步扩大合作范围和创造优势前沿项目。

三、专业化教育层次

校企合作在更深层次的合作就是进行教育方面的更深入，不应该只停留在专业和职业教育层面，应该向本科教育转向，也可以向研究生教育方向发展。

第十章　校企合作的社会效应与科研服务

第一节　政府宏观引导与社会效应

一、政府主导与市场调节的关系

校企合作的教育模式既是准公益事业，又具有产业属性。因此，校企合作的发展，既离不开政府的宏观管理，又应遵循市场规则。政府统得过死或放任无序，对合作都是不利的。要处理好两者的关系，必须明确哪些方面应由政府宏观统筹，哪些应由市场调节。一般来说，政府除制定校企合作发展的方针、政策和措施以外，还应在学校布局及设置条件、职业资格标准、教育教学质量的评估与监督、财政经费投入的重点和方向、引入竞争机制等方面发挥宏观管理的作用。而在学校的服务方向、资源配置、办学规模、办学形式、教学内容、毕业生就业等方面，则应以市场调节为主。

二、政府主导与企业参与的关系

中国是一个发展中国家，人口多，底子薄，是穷国办大教育。如果由政府来包办，肯定会制约校企合作的发展。校企合作直接提高人的就业能力和职业素质，促进生产力水平的提高，进而提高企业的效益，经济回报明显。因此，要实行两条腿走路的方针，在搞好国家办学的同时，还应充分调动企业的积极性，鼓励行业、企业和社会力量举办校企合作，形成政府主导、依靠企业、充分发挥行业作用、社会力量积极参与的多元办学格局，形成学校教育、行业企业教育、社会教育、网络教育相互融合、相互补充的立体型终身教育体系。

三、政府主导与学校自主的关系

学校的办学活力，既来源于良好的外部条件，也来源于学校自主权的发挥。发展校企合作，既要发挥政府的主导作用，又要尊重学校的办学自主权；发挥政府主导作用，还要有利于学校自主权的发挥。应激发学校活力和学校适应社会与市场需要的客观要求。政府在发挥主导作用时，应充分尊重学校的自主权，不仅不干预学校的内部事务，还要为学校发挥自主权创造条件。

第二节　校企合作的科研服务

一、科学研究

一般情况下，校企合作的科研需要成立研究机构。研究所或者研究中心由企业冠名，由企业下达科学技术研究题目，并提供科研资金及相关的技术与资料，提供设备或材料，并承诺研究成果转化为生产力；学校提供人才、场地及学校内现有的仪器设备与技术；由企业和学校共同申报国家级、省级自然科学基金等各项科研项目，其研究成果应共同拥有，如果获奖，奖金根据双方贡献大小按照比例分享，这需要在合作合同或者项目开发协议中明确规定。

科研过程中，双方可以成立科研领导小组，校方工作人员在科研过程中可以指导学生或者带领学生，完成科研项目和其他与科研相关或者有关联的工作任务，提高学生的知识储备。科研完成后，如果需要继续研究下一个课题，在此基础上可以继续进行筹备；如果不再进行科研，就撤销科研单位，各自回到各自的工作岗位，并进行科研成果的分享和人才培养计划与方案的调整。下面是我国大中型工业企业新产品开发及生产情况。

二、技术服务

技术服务是学校利用自有资源，在企业提出技术需求并出资的基础上进行相关服务，主要提供技术、工艺、配方、加工方法、技术改造、设计、查新、专利申报、策划、市场调研、产品外包、质量标准、生产审核、难题攻略等服务。企业可以通过招标等形式来公开企业有关技术难题的攻关项目，并使学校可以得到比较合理的项目资金。此技术的研发原则是利用学校现有的师资力量，也可以让未来进入企业的学生参与进来，并取得相关证书和技术储备。因此，学校应该在人才培养上与企业进行有效的结合，以便更好地达到应有的效果。

在技术攻关上，学校可以利用有利的资源优势。除了自身的优势外，有些项目可以与其他高校、科研院所进行合作，定期请国外或者国内知名专家进行技术讲座或者开设相关高新技术论坛，也可以与其他技术企业合作，拓宽技术面，增加技术难度，开发更有市场潜力的技术，为企业创造更大财富和进行科研攻关。

三、专业培训

校企合作一项重要的工作是进行相关技术的培训，由企业提供资金、设备、技术以及相关工程技术人员与管理人员，学校提供部分设备、场地、教学资源、师资，共同成立或者不成立合作机构，共同对外或者对内进行培训。

企业除了对自己企业员工进行培训外，还可以对社会上相关技术人员进行培训，培养形式可以多样化，企业可以分批指派员工到学校的合作机构进行培训，也可以指定培训老师到企业培训员工，可以大大降低企业用工之需。当然由此产生的费用，双方在合作协议上应明确规定，如老师往返交通费、食宿费、餐费以及其他费用都要考虑到办学成本中去。

双方还可以提高培训手段上的更新，可以选择远程服务，员工可以利用休息时间或者假期时间上网学习，主要是下载或者在线对老师事先已经做好的课件进行学习，也可以进行在线交流，解决存在的问题。如果是规模化的教学，也可以进行远程视频授课，无论哪种形式，目的是相同的，只是手段不同罢了，根据双方条件以及合作深度，可以进行协商解决，目的就是提高效率、减少成本、注重结果。

四、共建新企业

共建新企业是校企合作中学校资源得到有效利用的办法，就是利用学校的新技术，企业同时看好这个技术，并有意向将这个新技术转化为生产力，可以合建一个新企业；或者企业通过市场调研和有效的情报资源发现某个新技术未来的发展潜力，企业可以利用学校的优势资源和本身的资金优势合作建立新企业。

一般情况下，新企业建立会采用股份制，无论以何种方式入股，都要进行风险评估，对可能产生的债务，学校应该适当进行规避。

五、知识产权和专利申报

知识产权问题一直以来是困扰校企合作顺利进行的问题，学校应该在这个方面加大研究，避免不必要的损失，企业应该考虑到知识对一个知识分子来说意味着什么，不是金钱，而是应有的尊重。所以有必要把有关问题说清楚。

合作过程中，定会产生合作开发课程、课件、教材、教学软件等教学资源。无论校方还是企业方，都应该明白这个产权属于共同所有。如果有特殊要求，可以在具体权益方面做出协商和签订协议，说明某个产权属于某一方。一般情况下，合作期间的知识产权是属于双方所有。合作结束后，其知识产权一般情况下归学校拥有，也可以建立专利共享池，双方可以共同享有，共同受益。

关于知识产权保护，企业可以根据情况在学生实习期间或者进入企业顶岗期间，与学校签订保密协议。为了使协议起到作用，企业可以做出有偿保密的方法。作为学校应该加强对学生职业操守的教育，争取培养出符合社会需要的人才。

学校协助企业共同申报专利，可以提升企业的知识产权意识，帮助企业在发展中保护自身技术，使企业在市场竞争中处于有利地位。相关专利材料一般由学校起草。为了保护学者的权益，应该提交专利律师事务所备案。如果主要技术由企业提供，则企业人员排名第一；若主要技术由学校提供，则学校人员排名第一；如果需要专利转让，应该事先进行协商，签订转让协议，并报专利律师事务所。除此之外，学校要协助企业进行专利教育，引导企业用好专利技术以免被侵权。

第十一章　校企合作中的问题及原因

第一节　校企合作存在的问题

目前，校企合作已成为高职院校的主要办学模式，但在实施中仍存在浅层次、低水平、单一、松散等问题，很难形成人才共育、过程共管、成果共享、责任共担的紧密型合作。分析其原因主要有以下几点。

一、学校方面存在的问题

（一）学校不能主动为企业提供服务

其一，固守以学校为中心的传统观念，缺乏主动服务意识，如专业设置、课程体系与所在区域产业、职业岗位群不适应；其二，硬件设施、师资等实力弱，不具备服务企业的能力，如企业需要了解前沿技术、懂得市场规律、专业能力强的教师参与企业技术攻关，企业的产品升级、持续发展需要高职院校给予各类培训及技术研发机构以支撑，而高职院校的实力却不能达到。

（二）专业设置与实训科目不匹配

学校的专业设置、培养方式、课程建设等方面与企业需求不符，大众化和学科化等传统的教学模式还影响着校企合作的培养方式，追求理论的系统性和完整性，缺乏针对性和目的性，职业特色不浓，培养的人才是“简单操作型”，使校企合作产生了人为的困难；同时，校企合作的评价、学分认定、教学计划的制订等方面存在一定难度，也是影响校企合作深化的一个重要原因。

（三）“双师型”教师能力难以保障

被学校聘请的企业兼职“双师型”教师，一方面要完成企业内的本职工作；另一方面还要完成学校里的兼职教学工作，由于这两种工作的性质、要求和管理机制等都有很大不同，两种工作会经常产生冲突和矛盾，而且往往难以协调。

（四）学生职业素养难以适应企业需要

近年来，虽然高职院校加大了学生专业技能方面的培养力度，但在学生职业素养教育方面仍然不足，致使高职院校学生到企业后的角色转化存在一定障碍。在顶岗实习期间，合作企业要求顶岗实习学生必须遵守企业的各项规章制度、工艺要求、安全操作规程。但实际情况是，许多学生没有做好上岗后的心理准备，很难进入实际工作状态。同时，由于企业未能认识到实习生潜在的价值，只是单纯地把实习生作为廉价劳动力，不能有效调动学生工作的兴趣和热情，学生对企业管理产生抵触情绪，加大了合作企业管理的难度，影响了企业对校企合作的积极性。

（五）教学安排与企业需求不同步

首先，由于企业管理人员参与课程设计和进课堂讲课尚未形成制度，因此，高职院校在人才培养模式和课程设置方面没有或很少征求企业的意见，导致高职院校在专业设置、培养方式、课程建设等多方面与企业需求不符。其次，传统教学模式还影响着校企合作的培养方式。传统教学模式追求理论的系统性和完整性，缺乏针对性和目的性，专业特色不浓，学生在校所学知识、技能与现代企业要求相差甚远，从而导致职业院校毕业生在较短时间内很难达到顶岗实习要求。

（六）定向培养方式存在的问题

近年来，职业院校与企业在人才培养方式上进行了积极探索，“定向培养”这种人才培养模式越来越广泛。

一方面，定向培养班以工学为主，学生到在企业实习实训时间较长。因此，这种班级在学校的教学任务繁重，需要占据晚上和周末时间，学生感觉压力较大。同时，由于教学时间被分割而变得零散，导致部分参加自考考试的学生很难兼顾自考课程。同时，由于“80后”“90后”学生自我意识较强，认为到企业做工会很难兼顾休息、家庭和兴趣，因此存在消极工作的情况，增大企业管理难度。更重要的问题是，大部分学生认为自己只是企业的临时工，在企业并没有学到真正有用的技术和知识，得不偿失。这种消极认识使学生不会好好地进行顶岗实习。

另一方面，定向培养模式增加教学管理难度。学生到企业实践锻炼是一种打工性质，受到企业用工需求变化影响，如果企业员工缺乏，可能临时要求学校派遣定向班的学生到企业做工。由于学校在校企合作中处于被动地位，不得不通过改变教学计划、教学内容以保证与企业需求同步。这就涉及课务调整问题，频繁的课务调整，导致教学计划性较差，教师在教学计划的制订方面存在较大困难，常规教学管理工作难度增加。

（七）生源短缺，收费较高

除个别特色强的高职高专专业外，近年来，高职院校的招生均不饱满，而且这种情况丝毫未见缓解，各高职院校不断上演大抢生源的闹剧。有的院校，考生还没参加考试，或根本就没有填报志愿，就收到了这些学校的录取通知书；有的省市允许高职院校在国家专科录取线以下自主招生。

二、企业方面存在的问题

（一）企业缺乏应有的合作热情

我国高职教育校企合作存在的主要问题是学校的热情高，企业的积极性低，即企业“一头冷”的问题。其原因是学校教育环境与企业生产环境之间、学校追求的社会效益与企业追求的经济效益之间不能有机对接；企业在校企合作中的主体地位和利益诉求不能体现；学校文化价值取向与企业文化价值取向产生差异；尤其是政府对参与校企合作企业缺乏税收的优惠政策和制度保障，国家对企业参与校企合作没有明确的制度要求，组织协调保障体系不健全，校企合作的动力机制没有建立起来，企业参与校企合作不是自觉而是自发的“民间行为”。这些都直接影响了企业参与校企合作的积极性。

在实践中，企业往往找不到与学校的契合点，缺乏利益驱动。事实上，浅层次的单一合作，得利方主要是学校，而企业要按照学校的要求安排学生实习。从教学进度，处于被动应付状态。企业普遍反映，合作中，限于政策、法规，企业的切身利益难以保障，支出多而回报少，责任重而风险大。这成为大多数企业对校企合作兴趣不浓、动力不足的主要原因。有学者提出当前的校企合作的实践教学形式是一种“认识性实习、生产实习和顶岗实习”；同时“学而优则仕”等观念还制约着校企合作的推进；而市场经济条件下企业拥有自主经营权，企业和学校在经营理念上存在一定的差距，给“校企合作”蒙上一层阴影，具有“学校一厢情愿，企业无意参与”的特点。同时，尽管国家有文件规定，要求企业按职工工资总额或经营

(利润)总额提取一定比例的教育培训经费，但由于各种原因，大部分企业并没有提取此项经费或将此项经费用于职工教育培训和培养高技能人才上。

企业参与校企合作的积极性不高势必影响校企合作的人才培养模式的推广、实施。由于各地情况不同，影响企业参与校企合作积极性的原因会有多个方面。但学校培养模式与企业生产要求还存在距离，学校目前开展校企合作的基本目的与企业目的不一致，是影响企业参与校企合作积极性的主要原因。

(二)企业一味追求利润最大化

在纷繁复杂的国内外经济形势下，获取最大化经济效益是企业不懈追求的目标。因此，企业希望方便地获得“招之即来，来之能用”的熟练技术人才，其中与职业院校合作培养是企业获得人才的途径之一。但是，企业在校企合作过程中认识到与职业院校合作培养人才存在较多不确定因素，例如需要相对较长的周期、一定的资金投入，而培养的人才企业不一定用得上、留得住。

同时，由于我国经济发展方式正处于由粗放型向集约型过渡时期，企业虽然面临高技能人才短缺的困难，但能从劳务市场轻松招聘到普通技工的现实抑制了他们对校企合作的热情，未能认识到高职实习生潜在的价值，只是单纯地把高职实习生作为廉价劳动力来使用。因此，企业在校企合作过程中主动性不够，缺乏参与合作办学的热情，缺乏对校企合作战略的思考和实践经验。

(三)企业资源有限投入不足

深度的校企合作需要在实习实训条件、师资、管理等方面投入大量的经费。但是，配备现场指导人员，根据产业环境还要适时地调整培训计划，这些都需要大量经费投入。但是，企业从经济效益的角度出发，很难在校内实训基地、校外实训基地的建设方面提供资金支持，民办高等教育体制也决定了政府不承担民办高校的经费支出。在这种情况下，校企合作的主要资金需要由民办职业院校承担。但是，民办高职院校办学经费主要来源于学费、捐款、校办收入，其中学费占了民办高校收入的80%以上。同时，民办高职院校没有像公办高校那样的银行无息、低息或贴息贷款，更没有政府的财政拨款，资金来源完全靠自筹。因此，民办高职院校在资金方面很难对校企合作进行实质性的投入。

(四)企业对经济环境依赖性强

企业领导者无暇顾及校企合作。在市场经济体制下，企业成为独立的经济实体，承受着国际与国内两个市场的竞争压力的冲击。在强手如林的竞争面前，企业自身的生存与发展成为困扰企业领导者的首要问题，并占据了企业领导者的工作时间甚至生活时间，使得身心疲惫的企业领导者无暇顾及企业生存以外的其他事情。没有企业领导者的支持，校企合作也就失去了机会。

企业对校企合作缺乏积极性。高职院校追求的目标是培养高素质的应用型人才与提升学校的品牌地位，而企业追求的目标则是根据市场的变化迅速调整生产经营，优化企业管理，最终实现企业经济效益最大化。企业界普遍认为，校企合作会挤占企业的资源，甚至会干扰企业的正常工作，再加上许多高职院校缺乏具有吸引力的品牌专业，使企业对校企合作的积极性大打折扣。

合作企业难以提供校企合作所需要的专业技术指导。在校企合作中，企业除了提供实习场地和岗位外，还需要提供富有生产经验的师傅进行指导。而企业提供的师傅往往理论基础不足，缺乏表达能力，无法很好地把自己所掌握的经验与技术准确地传授给学生。另外，企业职工的工作相当紧张，精力消耗大，再加上具有技术秘密的保守意识，这些都使企业在师资配备上难以“心遂人愿”。

（五）企业忽视需求旺盛的民办学校

由于民办高职院校办学时间普遍较短，在教学场地、校内实习实训条件、师资等方面都很难满足学生职业技能培训需求，因此，民办职业院校更愿意与企业进行深度校企合作，以便充分利用企业的软硬件资源，以达到培养学生能力，提升学校自身形象，走上良性发展轨道的目的。但是，民办高职院校普遍资金欠缺，在校企合作过程中心有余而力不足。因此，民办职业院校很大程度上从节约办学资源、培养学生职业技能等角度出发寻求与企业进行合作，很少从满足企业对技能人才需要的角度来认识和开展。民办职业院校只是请企业管理人员象征性地承担一定的教学任务，组织学生到企业短暂参观实习，缺乏对校企合作的系统规划与统筹运作，很难推进校企合作的深入广泛开展。

（六）企业过于期待政府作为

目前企业希望政府为职业教育买单，摊薄企业人才资源成本。有的企业担心留不住所培养的人，不愿意主动介入职业教育，所以我国出现了一种怪现象：一方面企业向政府报告技能型人才短缺已经严重阻碍企业的发展；另一方面对职业教育袖手旁观，自愿为职业教育长期提供无偿性实训条件的企业基本上是没有的。

职业教育培养体系的建立离不开企业的支持，要形成比较完善的自觉的校企合作关系，靠学校主动出击寻求企业合作解决不了根本问题，需要各级政府在制度方面给予引导，逐步构建全民教育和终身教育体系，真正体现职业教育的"人民性"。政府的职能作用目前主要体现在资助和评估两方面，进一步建立和完善国家、省、市各级职业教育管理体制是当务之急，各级政府可以牵手企业建立职业教育培养体系及考核体系，为校企合作建立制度和桥梁，促使企业主动介入职业教育，减轻职业教育寻求校企合作所承受的巨大压力和消除企业介入职业教育的顾虑，谨防校企合作走入误区，使校企合作走向多方受益、和谐发展的局面。

三、政府方面存在的问题

（一）政府政策支持不够

现阶段，校企合作的法规、优惠政策、鼓励政策尚不健全，各地政府对其推进的进度、力度亦不平衡。政府缺乏有力的财政和政策、法规的支持，使院校与企业合作缺乏依据和潜力。尽管国家制定了相关法律来支持校企合作，但法律保障措施不力，一些地方把校企合作停留在口头上，缺乏法律、制度的有效监控，没有足够的保障。

国家相关政策体系建设也存在一些问题。近年来国家对于校企合作采取了大力倡导、积极扶持的政策，并已经初步形成了相关的法律、法规体系，但可操作性不强。目前，从政策管理角度看，重点应放在管理机制的进一步梳理、完善，以及对相关政策要求的监督、落实方面。

（二）法律法规保障不健全

虽然我国高等职业教育的毕业生已达到高校毕业生人数的一半，但遗憾的是我国目前尚无一部专门规范高等职业教育的法律或法规。现阶段，专门的关于高等职业教育的法律或法规目前尚未颁布。所以，地方政府面对高职院校发展中的一系列问题感到无所适从，其做法往往是在教学管理上类推普通高校的政策，在实践实习基地的监督和评测上参照个别典型，生搬硬套，具有极大的盲目性。

（三）政府统筹与引导力度不够

国际上不少国家通过设立专门管理机构、给予企业一定经济优惠政策等措施来推动校企合作发展。例如，德国政府通过设立产业合作委员会，对企业和学校双方进行控制和监督，对参与校企合作的企业给予一定的财政补偿。

在我国，由于企业在所有制、运作模式、技术与经济实力、竞争能力方面呈现多元化态势，要求所有企业，特别是中小型企业在校企合作过程中注重经济和社会效益、长远和眼前利益、短期和持续发展相协调只是一种愿景，必须通过政府的政策引导、组织协调才能实现。

但在实践过程中，许多地方政府在推动民办高职院校与企业合作办学过程中，工作被动、政策延续性差，在推动合作教育机构建立、成立专项扶持基金等方面更缺少实质性的举措。

（四）政府财政投入有限

政府和高等职业学校在认识上还需相互沟通和调整。高职院校获得政府扶持资金极其有限，致使高职院校把经济效益作为学校生存的头等大事，因此学校为抢生源不管有没有师资和条件都设置紧俏专业，为了所谓的“市场化”忽视学生素质的培养。此外，高职学校在资金投入、课程设置、教学管理等诸方面都与国家教育规划存在一些冲突。

此外，高职起步晚发展快，中央和地方在发展高职的许多认识上尚未统一。要进一步加强中央政府政策和法规指导，同时按国际惯例，给予地方政府更多的自主权，使地方政府能实事求是、因地制宜，在高职教育的发展中发挥更大的作用。

四、校企合作机制体制上存在的问题

（一）校企合作制度缺失

近年来，国家高度重视校企合作，成立了校企合作协会，并进行各种试点与试验。对于校企合作过程中的操作环节，至今还没有建立权威、完整的准则和指导手册，也没有建立专门的校企合作协调和监督机构，更没有完善的机制和制度保障。例如，重庆科创职业学院在与纬创资通集团合作办学，成立纬创学院的过程中，双方就需要履行的职责、权利和义务进行了长时间的协商，但仍旧在师资互派、如何管理等方面存在一定的认识差异。

在这种情况下，民办高职院校和企业虽然对于校企合作的益处达成共识，但普遍存在较多顾虑,如学生实习期间发生意外事故责任问题,企业商业机密保护问题等。双方的合作协议往往是凭借个人感情或关系来建立,这种靠感情和人脉建立起来的合作非常脆弱,经不起市场经济风浪冲击,任何一方都可以在不付出多大代价的情况下随意退出,给对方造成损失,合作的风险贯穿合作的全过程。

(二)合作方式简单

目前校企合作无论从合作的内容与文化的融合、弹性学制的建立等方面都缺乏深度,在合作形式上大多限于建立“校内工业中心”和“校外实践教学基地”。因此,目前的校企结合其实质是一种“换工式”的合作。虽然“换工式”合作在目前现实条件下有一定的意义,但“换工式”合作对培养目标又存在很大的负面影响,主要包括:企业以利润为核心来安排教学实践,影响了教学体系的科学性;学校以减轻负担为重要内容来安排实践实训,使产学结合的结构合理性丢失,并导致学生成为简单的劳动力,严重影响了教学本质。

(三)师资互派名存实亡

高职院校派遣教师到企业实践锻炼是校企合作的一项重要内容,可增强教师实践能力,提升职业院校软实力。同时,院校专家可为企业员工进行培训,对企业技术进行革新,使企业获益。

但是,由于中国职业教育还处于内涵建设初期,职业院校的专家普遍是以理论和实验特长为基础。特别是民办高职院校,由于办学时间短,其师资的专业功底与企业要求有较大差距,很难真正参与企业技术革新并提供技术支持,也无法承担企业的发展规划乃至员工的具体培训。因此,从企业的观点来看,这些专家基本上没有多少可以利用的价值,所以企业对院校专家到企业指导工作不感兴趣。

院校聘请企业专家担任兼职教师和承担专业建设是校企合作的另一项重要内容。企业、行业专家具有丰富的实践经验,有利于培养学生的职业技能和职业素养。但是由于时间和经费等问题,学生在企业很少能得到专家的指导。更重要的方式是将行业、企业专家请到学校担任专业建设委员会的专家,进行课程、人才培养方案的修订,然后才是承担教学任务。但是,由于行业专家的教学经历较欠缺、时间有限、民办高校经费紧张等原因,企业、行业专家在人才培养方面也是有其名而无其实。

(四)实训基地形同虚设

虽然校内工厂、实训基地可以方便学生进行理论、实训、产品一体化的教学实践,也可方便教师获得更多、更先进的实验实训经验和技能,但是,民办高职院校在场地、资金、管理等方面的问题严重制约了校内工厂的建立。因此,大部分的职业院校主要采用小规模的合作建设项目,如校内的汽车维修实训车间、电子产品的生产车间、宾馆实训场所、简单的机械加工车间等。在这种情况下,由于工作任务的不足,这些实训场地也处于不饱和的运行状态,校内实训任务也不足。

(五)合作观念、思想意识薄弱

企业的观念误区认为校企合作只对学校和学生有利,对企业本身没有多大实质性意义。在众多的校企合作项目中,企业总有一种感觉,那就是校企合作只对学校和学生有利,比如强化了学生的应用技能,培养了“双师型”教师,提升了学校的知名度等,而对企业来说,则只有浪费时间、消耗精力。在校企合作中,企业做的都是“赔本买卖”,对企业没有实质性意义。这种观念上的误区成为影响校企合作最深层次的根源与障碍。与这些在发展战略上患有“近视病”的企业开展合作项目,其结果是可想而知的。

学校的观念误区认为校企合作是企业的神圣职责,企业应免费提供相关服务。在计划经济体制下,企业将产学合作教育作为自己的义务,不计成本地为高校学生实习提供场所,配备实习指导教师。而在市场经济体制下,企业的市场观、竞争观与效益观发生了重大变化,现代企业的任何行为都有自己的出发点和归宿,那就是相应的经济回报与社会回报。大多数企业自身经费紧张,在校企合作项目的经费投入上捉襟见肘,而许多高职院校的领导仍然将企业提供服务视为“免费的午餐”。没有财力支持特别是高职院校的适当投入,校企合作项目也就如同天上的风筝,最终很难落到实处。这也是影响校企合作的直接根源。

学校与企业共同的观念误区认为校企合作应由政府“买单”。其理由:一是高职教育是提高国民素质的大事;二是保障与实施高职教育是政府的重要职责;三是政府直接监管企业也直接举办高校;四是中国的国情特殊,西方国家的职业教育多是企业创办的,即先有企业后有职业院校,而中国的情形却恰恰相反。现阶段,高职院校和企业都无力单独承担与完成校企合作项目,既然校企合作利国利民,因此理应由政府“买单”。基于这种观念,合作各方特别是校方产生了“等、靠、要”的幻想。

高职教育的校企合作困难重重，人们多归结于上述浅层障碍即客观因素，其实真正原因是由于校企合作中参与各方的观念误区。观念误区是实施者的主观障碍，使实施者缺乏行动的明确方向和积极性。也正因为如此，校企合作各方都在寻找各种客观理由，掩盖校企合作陷入困境的真实根源。

（六）注重技能训练，轻视理论学习

高技能人才与一般技能型人才的根本区别在于：高技能人才具有一定的技术创新能力和职业发展潜力，是智能型技能人才。这也是高等职业教育与中等职业教育的区别之一。

建立在职业分析基础上的高等职业教育人才培养方案强调“理论够用、注重技能”，这是高职能力培养体系必须解决的问题。在“理论够用”的指导思想下，校企合作容易走入“重单一技能训练、轻理论基础学习”的误区。甚至有人认为，高职教育“理论上不去、技能下不来”，既然理论上不去，将技能下到技工是可以做到的，并以此作为校企合作的指导思想，认为只有企业能锻炼学生的技能，将企业引入学校或将学生送进企业就可以达到培养目标，但生产中的企业多数只能让学生从事单一的技能训练，不可能满足学生在多个环节上的技能训练及素质发展要求。这种校企合作模式往往没有严格的教育培养计划，更没有树立理论与实践相结合的教育理念，忽视教育体系的建立，培养出来的学生只具备单一技能，不具备完善的职业能力，没有发展后劲，更不可能有创新能力。

第二节　校企合作问题产生的原因

“校企合作”是高职院校发展的必然趋势，是经济发展对教育提出的客观要求，也是高职院校生存、发展的内在需要。这一点，从政府到高校已达成共识。然而毋庸讳言，高职院校“校企合作”的形式至今仍基本上处于浅层次的初级阶段和中层次的起步阶段，与深层次的高级阶段仍相距甚远。究其原因，归纳起来，有以下几个方面的问题。

一、校企合作长效机制缺失

对“校企合作”的客观性、必然性、必要性的认识与实践，无论是政府，还是行

业企业、学校本身，都还处于“叶公好龙”阶段。政府缺乏有力的财政和政策支持，企业行为短视，学校偏重利益，没有形成长远的人才培养目标和校企合作机制。

我国高职教育体制机制改革是一项艰难、复杂、庞大的系统工程，规划纲要并不能完全解决现实中的具体问题。我国现行高职教育体制实行的是中央和省（自治区、直辖市）两级且以省级政府为主的体制，但在实际的运行过程中，地方主办的高职院校则直接或间接受制于中央、省、地级市三级领导，行业主办的高职院校则直接或间接受制于中央、省、行业三级领导，民办高职院校则直接或间接受制于中央、省、企业三级领导。多头领导、多元体制、多层次的运行机制，使得我国高职院校内部管理体制及运行机制与市场经济条件下高职院校外部管理体制及运行机制之间相互交织、错综复杂、矛盾重重。公办高职院校的教育事业行政体制机制与企业的市场经济体制机制无法有效地协调与统一，校企合作中“学校一头热”“工学两层皮”“官企校三分离”等体制机制的瓶颈问题仍然未能得到有效解决。

二、合作层次肤浅

在目前已形成的校企合作中，大多都是学校为求生存、求发展和适应市场经济的要求，而主动向企业界寻求合作伙伴，主动来寻求与学校合作办学的企业少而又少，多数企业给予学校的资助，亦都停留在项目支持、实习基地提供、员工培训等方面。这种合作，并不能算是真正意义上的校企合作。教育的生产性和消费性告诉我们，真正的校企合作应是双方自愿、风险共担、优势互补、利益共享的。从这个意义上看，离真正意义上的校企合作目标——建立起一个可持续发展的、具有良性循环机制的、实现教育资源的优化组合，能将高职教育资源转化为推动经济增长的动力，实现办学的整体效益还相距甚远。

三、合作太过理想化

在市场经济瞬息万变的今天，我国的行业和企业仍处于改制和转型之中，要想在市场经济初级阶段的条件下寻求一个长期的、稳定的、能全面满足教学需要的企业，难上加难，几乎是不可能的。如何既保持教学的完整性、系统性，又能与企业合作灵活地调整教学内容和实践方式，适应市场和企业发展的变化，是亟待研究解决的课题。

四、双方追求的目标不一致

企业追求的是生产和经营的利润，学校追求的是培养人才的质量。市场经济给企业带来丰厚利润的同时，也带来了盲目性和风险性。如何避免市场经济的诱惑给学校造成的消极影响，防止急功近利的人才培养，保证学校的教育质量，也是高职院校与企业合作中急需解决的问题和矛盾。

五、没有很好地紧跟市场

“面向社会、着眼未来、服务经济”是高职教育的办学宗旨。经十余年的办学及校企合作的探索，高职院校一般都能根据社会发展需要及时调整专业设置，把调整专业结构作为一项战略来抓，集中力量在短时间内开设经济建设急需的专业。但必须注意的是，教育产品的长周期性决定了教育应有预见性。在专业设置方面，如何把市场的短周期性和教育及人才培养的长远性有效地结合起来，如何加强地方政府宏观预测的指导性，使校企合作不仅满足企业当前的需要，还要满足企业长远发展的需要，这是解决毕业生出路、满足社会需求变化的不可忽视的大问题。

六、科研开发难以真正发展

高职院校自身的科研能力较弱，无论是在校企合作方面还是在校办产业方面都难以达到高水平。因此，如何提高高职院校的科研能力，提高校企合作的层次等方面都须寻求新的出路和突破口。

七、政府行为和职能缺失

校企合作不仅是学校与企业的合作、教学与生产实践的合作，也是一种科技与经济相结合的合作行为，应有相应的政策法规来调节、规范和推动，并提供必要的资金保障。因此，需健全有关政策与法规，寻求资金投入的保障，并得到政府的重视、支持，这也是亟待研究解决的问题。在我国，一方面，由于没有明确的法规对政府在校企合作中的行为和职能进行约束，校企合作常常被认为是政府行为和职责之外的事情；另一方面，政府对企业参与高职校企合作的机制建设还停留在宏观管理和舆论宣传上，缺乏必要的法律、政策、制度保障，缺乏对校企合作的具体参与、检查和监督。因此，政府行为和职能的缺失成为制约我国高职院校校企合作发展的重要瓶颈。

第十二章 校企“单元合作”模式

面对日益激烈的就业竞争形势，天津商业大学适应高等教育发展规律要求，从“单元合作”开始，探索校企合作培养应用型本科人才，逐步形成了一种具有学校特色的人才培养模式。本章主要以天津商业大学与上海光大期货公司联合培养金融学（期货方向）高级应用型人才为例，分析总结校企合作的经验、做法、特点和效果，力求探索一种适应新时期社会经济发展要求的应用型人才培养模式。

第一节 校企“单元合作”必要性

所谓校企“单元合作”是指从合作对象讲，学校只与一个企业或一个公司的合作；从合作内容讲，校企双方只针对一个项目或一个专业（方向）的人才培养。校企“单元合作”是人才培养方式之一。

所谓“应用型人才”是指高等学校根据社会实际需要所培养的面向实际、面向工作一线，掌握一定的基础理论知识，并善于将理论或相应科研成果转化为解决经济、管理等方面实际问题能力的人才。“应用型人才”在人才培养中属于人才“类型”之一，不属于人才“层次”的范畴。就“应用型人才”而言，有层次之分，包括“研究生”“本科生”“专科生”等不同文化层次。不同文化层次的“应用型人才”在人才培养的目标定位、知识结构和基本技能等方面的要求不同，课程体系建设也都有所区别。选择校企合作模式，联合培养本科层次的“应用型人才”具有客观必要性。

一、社会经济发展，产业结构调整对高等教育人才培养工作的客观要求

教育必须与社会发展相适应，即教育必须受一定的社会经济、政治、文化所制约，并为一定的社会经济、政治、文化的发展服务，这是教育健康发展的客观规律。21 世纪，中国高等教育进入跨越式发展阶段。根据国际上高等教育发展的规律，高等教育大众化以后便开始向着职业化和大众性的方向发展。教学型普通本科院校的发展以“应用型人才”培养为导向，不仅是高等教育发展的历史必然，也是

我国高等教育发展的现实需要。

当前,我国经济正处于转变经济发展方式,调整优化产业结构的重要阶段。这一历史时期暴露出的诸多问题,例如失业问题严峻,特别是大学生“结构性”失业问题,一直是多方研究和关注的焦点。一方面,企业人才短缺,特别是战略新兴产业的人才制约已构成产业发展的瓶颈;另一方面是大学生找不到合适的工作,毕业就失业,成为“宅男宅女”“啃老族”。原因是多方面的,但是,学校专业设置雷同,知识结构单一,人才质量不适应社会经济发展的客观需求,不能不说是传统教育模式与社会经济发展不相适应带来的问题之一。因此,改革和创新人才培养模式,调整学科专业建设体系,优化人才培养结构,以应用型本科人才培养为目标,产学结合,面向区域经济社会发展需求,培养社会经济发展需要的“应用型人才”无疑是一个客观选择。

学校一方面加大提升、改造原有专业的力度,优先调整和发展贸易、金融、法律和商用工科等学科专业,促进各专业相互支撑、协调发展,同时拓宽专业口径,增强发展活力;另一方面紧密结合经济建设需要,大力发展和积极设计适应现代化建设特别是现代服务业发展急需的应用型学科专业,相继增设了财务管理、电子商务、物流管理、金融学、酒店管理、食品质量与安全等一批应用性强的本科专业,为现代服务业的发展提供了人才和智力支持。

二、高等教育大众化发展阶段推动特色办学,促进人才培养规格多样化的内在要求

我国21世纪初就进入了大众化教育阶段。“大众化教育”是对“精英教育”的发展,是我国教育教学制度的发展,是时代的产物,是经济社会发展到一定历史阶段的高等教育需求。广义的大众化教育更多的具有对“精英教育”的继承和“包含”。“大众化教育”具有“时代”的特征。它不仅是指受众人数的扩大,而且还指教育层次和类型的增多,也指教育和受教育目的、内容和效果的不同。

国际高等教育发展的经验表明:办学特色的多样化是高等教育大众化发展的重要特征和途径,没有高校办学特色多样化,就不可能真正出现高等教育大众化的多样化,而高等教育的多样化必然要求通过高校办学特色的多样化来体现。中国高等教育真正走向多样化的特色发展之路,不仅需要通过“特色评估”等外在助力,更需要高校自己自觉形成“特色”这样的内在动力。

这里所说的“办学特色”，是指学校在办学过程中所表现出来的独特的育人色彩和风格。然而，对办学特色的内涵，可以从不同的角度来解读。就哲学层面来讲，办学特色实际上就是如何看待“个性”与“共性”“一元”与“多元”之间的关系问题。事物的特色，根源于其特殊性。共性包含于个性之中，没有个性就没有共性。在高等教育大众化发展的今天，高校办学在重视“共性”发展的同时，不能不关注自身的“特殊性”，寻求“个性”的发展。就办学特色的载体而言，它可以被承载于学校的办学理念上，包括治学方略、办学思想；也可以被承载于学校的管理体制、运行机制、学科布局、课程体系和人才培养模式等方面。就表现形式来说，它既可以是外显的，也可以是内隐的。社会公众看到的多是学校的显性特色，如学科专业特色、校园建设特色、师资队伍特色等。但对于深谙教育的人士而言，他们更多地是看到学校的隐性特色，如办学思想、办学理念、校风、学校精神等。实际上，一所学校的办学特色是显性特色与隐性特色的和谐统一。

高校“办学特色”具有多种属性：一是独特性。办学特色首先表现为鲜明的个性，即人无我有，人有我优，人优我新。只有这样才能称之为特色。二是稳定性。办学特色是在长期的办学实践中形成的，具有长期的稳定性，经得起时间和历史的检验，并能得到社会公认。而特色的形成需要一个过程，从不自觉到自觉的凝练，从不积极到积极地坚持的发展过程。三是影响性。办学特色体现在办学实践的不同层面，对教育观念、教育教学过程、教育教学管理等方面产生深刻影响，推动学校的教育教学改革，从而提高学校的办学水平。四是发展性。即办学特色随着社会的发展和外界环境的改变而不断丰富和发展，办学特色不仅是对过去历史的总结，同时也要着眼于未来学校的发展规划和远景，并且要随着时代的发展变化和外部办学环境的改变，不断丰富和持续发展。

三、提高学生就业率和学校竞争力的必然选择

众所周知，进入大众化教育阶段，高校不断扩大招生规模，使越来越多的学子接受了高等教育，也满足了社会发展对高素质人才的需求。但是，大学招生规模扩大，改变了就业市场的供求关系，使许多尚未做好心理准备的大学毕业生面临诸多问题：一是大学生“就业难”与“技工荒”并存；二是大学生找工作难与用人单位招聘难并存的就业结构性矛盾，打乱了原有的“金字塔”形的人才需求结构。由此带来的后果也是多方面的。一方面，在社会还无法提供足够的合适岗位的条件

下，大量大学毕业生的涌入，势必造成人才的相对过剩；另一方面，高校扩招，把许多原本作为技术工人培养的学生纳入普通高等教育的培养范围，从而导致技术工人的短缺。究其原因：一是专业设置与市场需求错位，专业改造步伐缓慢；二是教育教学体制和教学方法老套，存在“重理论、轻实践”现象，导致毕业生不同程度地缺乏适应社会的能力；三是就业指导体系不健全，对人才市场的研究不够，就业指导缺乏针对性，力度不够。为此，许多高校探讨招生、培养、就业一体化的办学模式，并取得了一定成效。

第二节　校企“单元合作”做法

改革本科人才培养模式工作的重点在于：重视和加强对应用型本科人才的培养。应坚持以服务为宗旨，以就业为导向，以应用型人才培养为目标，深入推进应用型本科人才培养模式研究与改革，不断提高学生的实践能力和社会适应能力，实现从注重知识传授向更加重视能力和素质养成的转变；大胆尝试，充分利用与依托行业企业、地方优势，积极开展校企合作、产学结合，探索应用型本科人才培养与职业学位教育结合机制，提升应用型人才培养的层次与规格，完善人才培养体系，保障和提高教育教学质量。

一、明确金融学（期货方向）人才培养目标和服务面向

明确人才培养目标是全面推进应用型本科人才培养模式改革工作的前提。而人才培养目标的确定，要结合办学历史、学科优势、行业背景及区域环境，研究应用型本科人才培养的规格与定位，形成自身优势与特色，确定人才培养的基本规格与质量，为经济建设，企业经营管理服务。

二、科学设计课程体系，改革教学内容

科学设计课程体系是全面推进应用型本科人才培养模式改革工作的核心。课程体系设计要根据应用型本科人才培养目标，分析其知识、能力与素质结构要求，结合学科专业知识结构和人才市场需求，改变原有学科类型的课程观念，设计、设置科学合理的课程体系。而要做到这一点，就需要深入了解市场需求，把课程体系设计与工作岗位要求紧密联系，就需要熟悉用人单位人才需求情况，邀请

用人单位领导和人力资源部门参与设计课程体系、教学内容，就需要聘请用人单位专家做兼职教师联合培养学生，产需对接等多种方式，让用人单位的教师真正将一线工作岗位对知识、能力及素质的要求充分反映到应用型本科人才培养的课程体系中，确保人才培养目标的实现。

三、推进教学方法改革，调动学生学习的积极性

改进教学方法是全面推进应用型本科人才培养模式改革工作的重要措施。教学方法是否得当，直接影响到学生的学习热情和学习效果。要改变原有研究型人才培养的教学方法，突出培养应用型人才，重点是项目导向、案例教学、模拟训练、岗位实践等多种形式的教学方法改革。而要做到这一点，一要加强教师岗位培训，提升教师自身的适应能力，让教师真正了解用人单位和学生的实际与需求，转变教学观念，掌握现代教育教学理念和现代教育技术手段，不断更新教学方法；二要借助企业和用人单位的教学资源，进行案例式、问题导入式教学，增加师生互动，引导学生改变学习方法和思维方法，突出以解决问题为中心学习、基于行业与职业岗位群技能要求的内容和能力学习等。

四、强化实践教学，建立应用型本科人才培养的实践教学体系

强化实践教学是全面推进应用型本科人才培养模式改革工作的重要途径。一要转变实践教学观念，充分认识到实践教学是验证所学理论知识的重要途径，是培养学生专业应用能力、学习能力、与未来岗位需求相适应的工作能力和职业技能的基本方式和基本途径；二要研究建立应用型本科人才培养的实践教学体系，根据学校学科专业特点，结合学校所处区域环境与区域经济发展状况，整合实践教学的目标、环节、方法、教师、环境、管理及质量监控等要素；三要不断加大实践教学投入，营造良好的应用型本科人才培养的实践教学环境；四要着力建设一支专兼职结合、结构合理、高素质的应用型本科人才培养实践教学师资队伍。

五、改革教学模式，推行“双导师”队伍建设

推行“双导师”队伍建设，是全面推进应用型本科人才培养模式的关键环节。“双导师”队伍指学校教师和企业专业人员组成的导师队伍。推行“双导师”队伍

建设，吸引社会各界、行业企业有管理经验和专业技术能力的专家、高管参与人才培养，使多种教育资源的优势互补，有利于提高应用型人才培养质量。

第三节　校企“单元合作”的特点

一、不以营利为目的

当前，许多学校校企合作的办学经费主要来源于两种渠道：一是企业赞助；二是项目收费。而项目收费模式大致可分为“高收费”“低收费”两种。不同的经费筹集方式对办学效果产生了不同影响。天津商业大学的“校企合作”项目，选择了“低收费”模式。双方合作之初，就达成了一个共识，即致力于打造精品，不以营利为目的。商定所收取的学费主要用于四个方面：一是为开设课程、管理项目等增加的支出；二是学生实习期间所增加的相关费用；三是学校用于课程建设、专业建设和学科建设的支出；四是优秀学生奖学金等。同时，根据合作项目的实施情况，还通过补充协议的办法进一步完善相关事宜。在项目的实施过程中，校企双方不仅很好地履行了协议中规定的各自责任和义务，还主动地增加了许多对学生有益的事项，例如增加知名专家学者讲座、参加业界高端工作论坛、知识竞赛、集中安排上海浦东人才金港实习等超出当初协议内容的多项活动。所以学生和家长一致认为参加这个项目“值”，提高了项目的认知度和影响力。

二、学校“育人”和企业“用人”无缝对接

学校“育人”和企业“用人”无缝对接是校企双方合作办学的重要目标之一。“无缝对接”既指学校“育人”和企业“用人”的无缝对接，也包括学生所学知识与用人单位对学生能力水平要求的无缝对接。学校通过与企业合作培养适合市场需要的人才，实现了人才培养目标，提高了学校人才培养的针对性，提高了学生高端就业比例；企业通过与学校合作，培养了适合自身发展需要的人才，实现了“聘所需”“学所用”“用所要”的用人目标，降低了用人成本，提高了用人效率，提升了企业人才竞争优势。从这个意义上说，能否实现“育人”“用人”的无缝对接是检验“校企合作”项目成效的重要标准之一。

就合作企业而言，企业希望通过合作办学培养一批精品人才，满足企业规模

扩张对专业人才需求总量扩大的要求，提升企业人才竞争的实力。同时，通过与高校联合，直接参与专业人才培养的全过程，有利于使学生提前受到企业管理理念、企业文化内涵、企业管理方式的影响，熟悉职业要求，缩短工作适应过渡期，提高工作效率；有利于企业全面了解每个学生特点、能力水平等，有针对性地培养使用，降低用人成本，提高用人效率，从而提升企业竞争力。

这种“校企合作“的人才培养模式，之所以呈现出“育人”“用人”的无缝对接特点，主要是通过“人才培养方案”的实施体现出来，主要表现为：一是实现了松散型合作向紧密型合作的过渡。学生按学校要求在第三年完成按（跨）大类选专业进入项目，学完金融学专业基础课程后，学习期货方向课程，并由校企双方分别承担理论课程和实践课程的讲授和实习安排；二是实现招生、就业联动，人才培养和学生就业双向选择紧密结合。学生进入项目，需要经过学校、企业联合成立的招生小组的集体面试、答辩，择优录取。

三、综合社会效益目标的追求实现了“三方共赢”

所谓“三方共赢”，即对上海光大期货公司而言，通过合作办学，一是自觉承担了市场经济条件下一个合格企业所应承担的社会责任，实现了企业的社会价值；二是通过与高校合作办学的成功，进一步扩大了公司的知名度和影响力。

对学校而言，通过“校企合作”，一是探索了一条培养应用型人才之路。几年来，学校一直致力于复合型、创业型应用人才的培养，探索了“中外合作”“校企合作”培养应用型人才的成功模式。但是，这种紧密型的校企合作应该说是从与上海光大期货公司合作办学开始。因此，这是一种有意义的探索；二是通过“校企合作”，学校无障碍了解企业用人信息及对其所需人才规格、素质的要求，有利于坚持以市场为导向，调整学科专业培养计划，量身定做人才培养方案，人才培养的针对性增强；三是“校企合作”建设“双基地”“双课堂”“双导师队伍”有利于成功实现育人目标。通过校内导师和校外导师的“双导师”合作，充分利用“双基地”即通过“实习实训基地”“培训教育基地”建设，来实现“双课堂”即学校的“理论教学课堂”和企业的“实践教学课堂”的育人效果，提高应用型人才培养质量。

对学生而言，一是与企业的零距离接触和了解，不仅丰富了视野，还增加了知识学习的积极性、主动性和针对性；二是企业竞争性的录用机制，使学生市场竞争意识增强，增加了综合素质、能力锻炼和提升的紧迫性和压力感，变“要我学”为

“我要学”，达到了学校满意、家长满意、学生自己也满意的效果；三是增加了学生的就业机会，无形中降低了学生多方找工作的就业成本，学习效率提高。

实践证明，这种不以营利为目的，以追求综合社会效益为目标，以“育人”“用人”无缝对接的紧密型的“校企合作”办学的尝试，是一种成功的办学模式之一。

第四节　校企“单元合作”效果评价

应用型人才是社会经济发展的客观需求，应用型人才培养模式是高等教育适应社会经济发展规律要求的必然选择。校企合作正是适应了教育发展规律的要求，经过合作双方不懈的努力取得了可喜的成效。

校企合作成功的因素主要有以下三个方面。

一、学校鲜明的办学理念引领了人才培养模式的探索

大学的办学理念是办学者长期教育实践中对教育规律、教育功能的理性认识和思想观念的凝练，是具有相对稳定性和实践性的办学指导思想，是引领大学改革与发展的“灵魂”。对办学的“质量观”“人才观”“教学观”“管理观”等观念的形成具有指导和决定意义。学校在探索办学指导思想和办学特色方面，应该做出更多有益的尝试，为学校的改革与发展奠定了重要的思想基础。在人才培养方面提出“以社会需求为导向，培养复合型应用人才”的理念。结合学校特点及师资队伍的综合优势，抓住企业需求的历史机遇，积极探索适应市场需要的人才培养模式。

二、企业高度的社会责任感和企业家精神促进了合作项目的发展

随着社会主义市场经济的深入发展，企业从单纯追求利润最大化向自觉承担社会责任发展。将主动服务社会、创造文化、提供就业机会作为企业应该具有的目标，成为企业的社会使命。仔细研究那些著名企业，发现任何一家成功企业都不是仅以赢利为自己的最高使命，它们大多以服务社会、造福人类、改变生活等崇高使命作为自己企业文化的核心。并且，将这种社会责任感构成企业全体员工共同的使命和前进的永恒动力。

三、合作项目管理小组认真负责的工作态度

一个校企合作培养应用型人才模式项目的成功，决策层的办学理念和决策水平决定着顶层设计的成败，管理层的管理能力和执行力决定着人才培养模式的效果。就此项目而言，为了该项目的成功，校企双方共同努力，为合作顺利开展创造条件：一是政策支持；二是组织保障；三是主要领导亲自参与。

综上所述，也正是由于有学校鲜明的办学理念引领，企业和企业家高度负责的社会责任感，合作项目管理专家小组认真的工作态度才有了今天校企合作培养应用型本科人才模式的成功。

第十三章　校企“多元合作”模式

第一节　校企“多元合作”必要性

这里所讲的“多元合作”模式，是指从合作对象讲，高校与多家合作单位联合培养高级应用型人才模式。包括高校与高校合作、高校与地方合作、高校与公司合作、中外合作等。从合作内容讲，是指合作内容多样化。包括学科建设、专业建设、课程建设、师资队伍建设等多项内容。从合作领域讲，是指合作领域多类型。包括对研究生层次应用型人才的培养，也包括联合进行课题研究等。天津商业大学与多家公司合作探索的“多元合作”模式，主要是指合作对象多元化、合作渠道多样化、合作机制市场化、合作领域多层化。这种“多元合作模式”，强调坚持以“四化观念”为导向，以“多元合作”为突破口，以“双导师”“多基地”建设为平台，以“突出应用、重视复合、强调能力、培养潜力”为目标，既有效规避了“单元合作”风险，又成功探索出一条有利于“校企合作”健康发展之路。

一、社会经济发展的客观要求

教育健康发展的客观规律证明，教育必须受一定社会的经济、政治、文化所制约，并为一定社会的经济、政治、文化的发展服务。

21世纪，科学技术突飞猛进，新知识、新理论、新技术日新月异，职业分化越来越细，职业的技术含量和专业化程度越来越高，对专门人才的需求呈现出大批量、多规格、高层次的特点。世界各国高等教育都主动适应这种变化，积极调整人才培养目标和培养模式，努力提高人才培养的适应性和竞争力。特别是随着我国经济社会的快速发展，迫切需要大批具有创新能力、创业能力和实践能力的高层次专门人才。国家和社会经济的发展客观要求研究生教育必须改革创新培养模式，调整研究生的培养目标从单一的学术型向应用型为主转变，满足研究生层次的应用型人才培养与经济社会发展实际需求相适应的客观要求，为此，改革创新研究生培养模式成为历史必然。

二、研究生教育改革与发展的需要

教育部明确指出，“推进素质教育，突出对研究生创新能力、实践能力、创业精神的培养。增进研究生的人文素养和科学素质，强化全面质量观，把保证和提高研究生培养质量放在更加突出的位置上，国家和省级研究生教育管理部门、培养单位应采取措施，建立健全研究生教育的质量保证体系，确保并进一步提高研究生培养质量”。研究生培养模式的选择，必须紧扣社会需要，按照当前社会需求，推进高校研究生培养模式的改革。研究生人才培养目标要与国民经济发展和社会进步对人才的要求相吻合，要与社会经济结构、产业结构、人才需求结构相适应。特别在就业形势日趋严峻的今天，研究生培养应坚持以社会需求为导向。

当前，随着我国研究生教育规模的不断扩大，教育质量不断提高，高等学校总体实力也不断增强，培养了一大批主要从事科学研究或教学工作的教学科研人才。但是，随着社会需求结构的不断变化，硕士研究生的就业去向已更多地从教学、科研岗位转向实际工作部门。从世界研究生教育发展的状况来看，硕士研究生教育基本是以面向实际应用为主，教学科研人才更多是来源于博士研究生。为此，有必要重新审视和定位硕士研究生的培养目标，进一步调整和优化硕士研究生的类型结构，逐渐将硕士研究生教育从以培养学术型人才为主向培养应用型人才为主转变，实现研究生教育在规模、质量、结构、效益等方面的协调、可持续发展。

探索创新研究生教育模式，校企合作培养应用型研究人才，符合学校的人才定位，有利于充分发挥应用学科的综合优势，培养适应社会需要的、服务于地方经济发展要求的高级应用型人才。

校企合作培养应用型研究生，不少高校在这方面进行了有益的探索，并取得了一定的经验。但具体做法各有不同，专业设置各具特色。

由“单元合作”发展到“多元合作”“多层次合作”，有其客观必然性。校企合作双方由于工作性质不同，客观存在校企双方对“合作办学”的认识和积极性的区别。多数企业重视到市场直接“找”现有人才，而不注重和学校“合作办学”培养未来人才。致使诸多“校企合作”项目由于企业领导人的更替而中止。当合作企业出现突如其来的变化，就暴露出“单元合作”难以规避的问题，即“单元合作”易产生短期行为而造成诸多不利影响。一是对企业影响，企业面临连续接受合作学校项目学生就业的压力，处理不好会影响企业员工来源构成的多元化；二是对学校影响，学校长期与某一企业单独合作，不同程度地会影响到其他企业与学校合作的热情，也影响到学生对多方企业文化的了解；三是对学生就业影响，虽然合作初期学生高端就业比例高，就业压力小。但是长期看，由于合作企业用人规模的有限性和人员结构的合理性，学生不可能长期在一个公司就业，企业也不可能长期接受同一个学校的毕业生，致使学生就业受到一定程度的影响。合作办学情况的突然变化，加大了学校探索“多元合作”的紧迫性和必要性。学校以此为契机，总结经验，多方努力，终于探索了一条“多元合作”“多层次合作”可持续发展之路。

第二节　校企“多元合作”做法

一、科学定位确保人才培养质量

科学制定应用型研究生的培养目标是确保培养质量的前提。经过多次研讨，我们将研究生层次的应用型人才定位为掌握领域坚实的基础理论和宽广的专业知识、具有较强的解决实际问题的能力，能够承担专业技术管理和分析研究工作、具有良好的职业素养的高层次复合型应用人才。研究生教育在培养目标、课程设置、教学理念、培养模式、质量标准和师资队伍建设等方面，与学术型研究生都有所不同，突出应用型研究生教育的特色，注重实践能力的培养。准确把握应用型研究生教育规律，创新培养理念，改革培养模式，确保人才培养质量。

研究生层次的高级应用型人才，不是技能型应用人才，是具有一定研究能力的复合型的创新型高级应用人才，强调“复合”“创新”“应用”的能力和水平。

所谓“创新型”人才，一是思维创新。学生进入项目，就要以“经理人”“企业家”的精神要求自己，自觉融入先进的企业文化；二是观念创新。学生通过零距离接触市场，近距离聆听改革前沿的企业专业人士传授前沿知识，及时了解掌握市场动向，分析市场行情和变化规律，培养创新意识；三是能力创新。研究生层次的应用型人才，是一种产学研结合型的创新人才。在进行产学研结合学习研究过程中，加强科学研究的针对性和实效性，解决企业迫切需要解决的技术难题，提高技术和管理创新能力。

所谓“应用型”人才，主要指掌握一定的基础理论知识，并善于将理论或相应科研成果转化为解决经济、管理等方面实际问题能力的人才。

二、改革课程体系，强化人才培养特色

（一）改革课程体系，突出理论与实践结合

在学校办学指导思想指导下，依据复合型创新型应用型高级人才定位的总目

标要求，该项目课程设置以实践能力培养为导向，以职业需求为目标，以提高综合素养和分析解决问题的能力为核心。课程体系改变了以往重理论轻实践的课程设置，增加了实践、实训、实习课程的比重。在课程体系调整中，既强调基础理论研究又注重与应用能力培养的有机结合。基础理论课程设置根据高端应用型人才培养目标要求，结合学生来源于不同专业实际，重视学科间、专业间的知识渗透，构建科学的课程体系。例如：同一专业学生在完成规定的基础理论课程学习以外，对来源于非经济类专业的学生要求补修经济学专业基础课程，以夯实专业基础理论。专业课程及教学内容选择，既注重专业基础课的安排又注重吸收金融衍生品行业最新改革动向和本领域最新的研究成果，强调理论与实际结合。实践课程设置不仅增加了实践、实训、实习课程的比重，同时注重实践教学效果，努力探索行之有效的教学方法。坚持案例分析、现场操作、模拟训练、顶岗实习等方法并用，着重培养学生分析研究实际问题的意识和能力，调动学生学习的积极性、主动性和创造性。

进入合作项目的学生，学习年限一般为2～3年，理论学习与实践课程紧密衔接。理论课程学习主要在校内完成，由校内导师负责对学生进行理论知识的传授，夯实学生未来发展的理论基础和发展潜力。实习、实践课程在企业或实习基地完成，主要由校外导师负责学生实践能力的培养，提高学生适应社会需求的水平。学生的专业实习、论文写作和专业研究报告等多个环节的指导工作，由校内外双导师共同负责。注重学生专业研究和创新能力的培养，增长实际工作经验，缩短就业适应期限，提高专业素养及就业创业能力，将人才培养目标落实到每一个教学环节中。

（二）强化实践环节，提高应用能力

专业实践是重要的教学环节，充分的、高质量的专业实践是校企合作项目实现教育质量的重要保证。学校很重视改革创新实践性教学模式，与多个企业、多种社会资源联合建立实习实践教学基地。目前，项目研究生在学期间，充分利用实践实习基地作用，采取集中实践与分散实践相结合的方式，坚持集中实践教学时间原则上不少于1年。实践、实习基地有多种形式，主要由设在合作单位的实习基地组成。研究生实习由校外导师亲自安排，由校内外导师双重指导，从而保证了实践教学环节的顺利进行。实习开始，合作企业制定研究生实习计划，研究生向学校提交由实习单位盖章的实习协议，递交“专业研究报告”开题任务书。实习结束，实习单位填写实习鉴定意见，研究生撰写提交“实践学习总结”和“专业研

究报告”初稿，并在校内导师的指导下完成“专业研究报告”和“毕业论文”。这样，学校、企业相互配合，共同加强研究生实践、实习全过程的管理、服务和质量评价，确保了实践教学质量。

专业实践教学质量的提升，不仅由于校企双方对该项目的高度重视，也源于一系列严谨的组织和制度保障。一是制度保障。长期以来，学生实习坚持企业导师负责制，负责学生完成有组织的专业实习课程和实习指导；二是时间保障。坚持学生在企业导师安排的公司集中实习不少于两个月；三是内容保障，坚持学生实习期间首先实行轮岗制，在全面了解公司业务的基础上，公司再根据学生特点安排合适的部门进行重点实习；四是组织保障。坚持学生实习期间，企业由人力资源部安排实习的具体事项；学校由专业指导小组和班主任及时了解、沟通学生实习中遇到的相关问题，确保实习的顺利进行；五是质量保障。由于学生实习前已经进行了“专业研究报告”开题工作，实习期间就可以在企业导师的指导下有针对性地进行分析研究，确保了“专业研究报告”质量。实习结束，学校根据实习企业和实习导师签署的实习鉴定意见颁发“实习证书”，并作为学生毕业依据之一。

（三）坚持产学研结合，培养研究创新能力

研究生层次的应用型人才，是一种产学研结合型的应用创新型人才。产学研结合是应用型本科院校校企合作培养研究生层次人才的前提和重要标志之一。客观地说，高校本科层次的校企合作办学，积累了大量的校企合作资源，并形成了一些较具特色、效果显著的校企合作办学模式，但总体上还停留在产学合作阶段，在进行研发、帮助企业解决实际问题方面成果不大。进入研究生层面的应用型人才培养，产学研结合应该是该阶段人才培养的重要手段和任务之一。

校企双方借力借智，企业依靠学校的科研力量，不断地获取高新知识和智力的支持，学校立足于市场、立足企业，把学校、学生的智力优势同市场、企业紧密结合起来，成为探索社会经济的最佳结合点，实现大学文化与企业文化的有机融合，实现理论学习与企业实际的直接对接，培养学生的应用创新能力。在进行产学研结合规划过程中，首先要注意加强科学研究的针对性和实效性，结合实习实践活动，加强科学研究，解决企业迫切需要解决的技术或管理难题，提高技术和管理创新能力；其次，在研究生的课程设计中，增加学生研讨和专家前沿专题报告互动等活动，锻炼学生思考问题的能力；再次，提高学生分析研究问题的能力，要求学生积极参与期货公司的研究项目，除在公开出版刊物发表研究论文和研究报告外，还必须结合金融企业实际撰写“毕业论文”，并在学校、企业“双导师”的指导下撰

写“专业研究报告”，坚持真题真做，以提高学生分析解决实际问题的能力。最后，学校教师和企业技术人员一起，联合进行课题研究，不仅解决了企业面临的一些问题，也使教师了解了学科前沿的知识，充实了课堂教学的内容，以此形成了校企深度合作的学校、企业、学生多赢机制。

三、加强组织建设，确保研究生培养项目顺利实施

一种好的育人模式、好的校企合作项目，必须要有适合这种模式的组织建设和制度建设。为这种教育模式的顺利进行，学校应坚持组织建设和制度建设创新。

坚持学校研究生部对合作项目的全程管理，校企合作培养应用型研究生人才项目，从目前实施情况看，分为两类：一类是学生根据招生计划直接报考；另一类是学生按招生计划进入某专业后再申请进入该项目。第一类学生按专业培养方案实施教学和实践活动；第二类学生在原专业、原课程、原导师不变的基础上，进入项目后增加新的培养课程和新的专业导师，完成项目“人才培养方案”要求。进入这两类项目的研究生，都实行“双导师”“双基地”“双课堂”教育，都接受学校研究生院的学业管理。学校研究生院参与研究生的招生和学籍管理，负责对该项目的监督、检查和指导。项目结束，学生完成学业，成绩合格者学校颁发“毕业证书”“学位证书”和“校企联合培养证书”“企业实习实践合格证书”等。

四、加强“双导师”队伍建设，形成校企师资合力

“双导师”队伍，是校企合作培养人才模式的师资队伍建设特色。“双导师”由校内导师和校外导师组成并各有分工。与校企合作培养本科生的“双导师”队伍相比，校内外导师合作的重点是在更高层次对学生分析研究问题能力的联合指导。教学环节，校内导师重点负责基础理论知识的传授和研究，校外导师重点负责学生实践课程讲授和实践能力的培养。研究环节，毕业论文和专业研究报告的撰写由校内外导师共同负责，课题研究有校企双方导师指导，带领学生共同完成，提高了研究问题的针对性和研究质量。实践证明“双导师”队伍建设，符合新时期高级应用型人才培养的要求，双方优势互补，分工合作，有助于理论与实践结合，有助于校内外师资形成合力，全力打造创新型的高级应用人才。

相对“稳定型”的“双导师”队伍，是指合作企业的金融高管长期聘做校外导师。学校与学生签订合作协议，由学院研究生部建立业务档案存档。研究院将校

内外导师的信息经得本人同意后挂在校园网上，实行导师、学生双向选择制，零距离传授前沿知识，近距离指导学生。相对“松散型”的导师队伍，是指根据人才培养方案和课程计划安排，临时聘请金融业知名专家和管理者，以定期或不定期形式来校做前沿知识讲座或实践指导，不固定承担某位学生的实习和就业指导任务。校内外导师以合作项目为平台，以不同方式联合培养人才为己任，以共同成就一番事业，培养一批人才为核心，形成了一种令人欣喜的“师资合力”。几年来，企业家们以饱满的热情和高度负责的精神，以合作项目为己任，亲自招收面试学生，亲自登台传授知识，亲自安排学生实习，亲自指导修改学生的“专业研究报告”等。他们不仅对自己分管的学生负责，还主动指导其他学生并帮助推荐就业；不仅认真完成了自己承担的教学任务，还主动推荐业界知名专家来校讲学。学生们被企业家们的精神所感动，被企业文化所感染，主动学习的热情高涨，服务社会的能力提升，有不少学生不仅实现了高端就业，还很快成为业务骨干，引起了业界的普遍关注。应该说，天津商业大学“校企合作”项目的成功，得益于这些敬业的企业家们的鼎力相助，得益于探索了一种具有时代特色的研究生培养模式。

第三节　校企“多元合作”效果

一、合作办学呈现出“社会化办学”性质

研究生教育要在更大程度上满足社会经济发展的需要，就必须适应生产社会化、经济社会化、人才全面发展的要求，走社会化办学之路。几年来“多元合作”办学的实践，深刻体会到天津商业大学的研究生培养，呈现出“社会化办学”特色，表现在以下几方面。

（一）办学模式社会化

办学模式社会化，主要是学校突破了长期以来“封闭式”的办学模式，实现学校为主体，多家企业紧密合作，校企双方“零距离”对接的“开放式”办学模式。合作企业深度参与到学校从专业方向调整到教学计划制订、课程设置、师资队伍建设、实习实训基地建设、学生实习、考试考核等办学全过程。建立了有利于企业人才培养和学生实践能力提高的“双基地”，即在学校建立“企业人才培训基地”，在企业建立“学生实习实践基地”；推行了高校教授、学者和企业高管、专家联合组成

的“双导师”队伍，实现了校企紧密合作联合培养人才过程中“理论教学”与“实践教学”的紧密结合；推行了“课堂教学”与“岗位实践教学”的紧密对接的“双课堂”，校企“多元合作”的办学模式呈现出“社会化办学”特点。

（二）办学条件社会化

“多元合作”的实践，是一种校企多方办学资源的优化配置。高校拥有雄厚的理论教学资源、现代化的办学设施、丰富的图书信息资料和教育教学经验。企业拥有丰富的专业实践教学资源、与改革前沿直接对接的岗位设置和能够满足高校学生实习实践要求的专业实习条件，企业的部分岗位设置、育人条件具备了一定的先进性和超前性。校企“多元合作”，通过合作办学的平台，实现了办学资源的优势互补，有利于双方办学、办公条件的最优配置，提高了双方各种资源的利用效率。

（三）教学内容社会化

实践证明，高校的教学内容必须适应社会需求和人才全面发展的需要，针对学生的个人兴趣和个性化发展，进行“对接式”培养培训，才有利于学生的发展。“多元合作”项目，着力从调整专业方向入手，根据用人单位对专业人才需要，设置课程体系和授课内容，改革教学方法，探索实施项目教学法、案例教学法，探索适合社会发展的教学模式，在夯实基础理论教学的基础上，把行业标准引入课堂、把职业规范引入课堂、把企业文化引入课堂。教学内容的社会化，既注重对学生基本理论知识的传授以夯实专业基础，奠定学生的发展潜力，又注重学生实践水平的提升以增强学生的适应能力，实现了学校培养的人才与社会对人才质量的需求及国家职业标准接轨，促进了学生的全面发展。

（四）评价方法社会化

“多元合作”培养的学生质量，改变了以往仅仅依据学校的学分、成绩为依据的评价方法，探索评价主体多元化、评价内容多元化的社会化的评价体系。评价主体多元化，是由学校作为唯一评价主体，改变为学校、合作企业和用人单位联合评价的多元评价主体；评价内容的多元化，是将学生在校成绩作为唯一的评价内容，改变为将学生是否完成合作项目规定的教学内容、是否符合项目培养目标要求等内容综合评价。将用人单位是否满意、受教育者自身是否满意、学校是否满意等作为评价人才质量的基本原则。将毕业生是否具有扎实的基础理论功底，较高的分析与解决实际问题的能力，良好的职业道德、熟练的专业技能，能否胜任工作岗位要求，顺利实现高端就业或创业等，作为考核教育教学质量和项目水平的重要指标。

二、师资队伍呈现出“团队合力”

众所周知，一直以来研究生教育实行导师负责制，基本呈现出“师傅带徒弟”“一对一”的培养特点。随着人才需求多样化的发展，学生仅仅依靠导师个人的指导，已经不能适应社会对复合型人才的需要。在开放的知识经济时代，研究生指导也应采用开放式体制，实行“社会化”办学，实行“双导师”“多导师”制度。

这种“双导师”多元合作联合指导学生的制度，打破了高校导师队伍的封闭状态，充分发挥高校、企业、社会联合组成的导师组、导师团队的作用，形成“团队合力”。学生不仅接受校内导师指导，还可以接受更多校外导师的联合培养，发挥导师团队联合指导的优势；学生所学知识，不仅要掌握所属专业方向的必修课程，还要加强其他领域知识的学习，满足现代社会对高层次“复合型”人才的需求。不同学科背景的多位导师参与学生指导，有利于形成导师团队合力，团队教师通过定期讲学、定期组织研究生的研讨活动，使学生有更多的机会参加由多学科资深教授主讲的学术论坛和学术讲座，或参加由多名导师组成的导师团队集中进行的研讨活动等，师生在研讨碰撞中产生思想和学术火花，调动研究生敢于探索、勇于创新的积极性；同时，多导师团队提供了学生走出去，深入企业和社会实际锻炼的多种机会，学生可以围绕实践中的问题选择“毕业论文”和“专业研究报告”题目和研究项目，向实践学习，向实际部门的业务管理人员和专业技术人员请教，有助于学生提高分析问题和解决问题的能力。

一是在课堂授课方面，实现了校内外导师合理分工，紧密配合，实现了理论与实践的有效结合；二是在实践指导方面，主辅有别。校外导师实践指导为主，负责实习安排、实习指导，校内导师为辅，协助校外导师监督实习过程，共同关注实习效果；三是在课题研究方面，共同指导，共同负责，共同参加学生“毕业论文”“专业研究报告”的开题、写作、答辩等工作。学生的论文选题有效克服了“大”“空”的难题，提高了研究问题的针对性和实践性；四是在招生就业方面，共同参与、协同指导。学生就业不再是唯一导师的责任，已成为合作导师的共同义务，不仅增加了学生就业机会的选择，也扩大了企业选择学生的范围。实践证明，只有充分整合各种教育资源，有效形成导师“团队合力”，才能培养出复合型、应用型的创新人才。

第四节 校企"多元合作"评价

"校企合作"已成为高校培养应用型人才的成功模式之一，但是，也有不少高校由于多种因素影响，难以规避、克服校企合作的"短期行为"困扰，不得不半途而废。学校应坚持开展"多元合作"，克服"短期行为"并将其维系和发展下去。

一、"多元合作"有效规避了市场风险

所谓学校"育人风险"，是指学校的教育投入不能带来预期的教育效果，致使学生能力下降、就业率下滑、学校社会影响力降低等。在激烈的教育竞争环境下，由于多方面的因素，一方面，教育规模不断扩大，受教育人数不断增加；另一方面，大学生、研究生就业形势却日趋严峻，"毕业就失业"现象已成为社会普遍关注的问题之一。人们逐渐认识到教育模式、教育质量直接影响到学校的生存和发展，直接关系到高层次人才的就业和就业质量。从这个意义上说，激烈的教育竞争倒逼着教育发展方式从外延发展向内涵建设转变，教育培养人才目标从重学历向重能力转变。实践证明，校企"单元合作"有利于提高学生应用能力，有利于提高就业率。但是，一对一的合作抗风险能力有限，容易受一方因素影响而中止合作。而正是这种"多元合作"模式由于其合作主体、合作内容、合作方式的多元化，才是规避这种教育风险的有益探索。

所谓"人力资本投资风险"，是指企业人力资本投资由于受劳动力市场变化等外部因素影响较大，不可避免地会导致投资风险。这种风险包括由于教育培训的有效性与否而直接造成的投资风险，也包括由于激励不当等因素而间接带来的投资风险。例如，企业盲目从人才市场招聘，由于供需矛盾，难免出现用非所学、聘非所用的用人风险，造成"人力资本投资风险"，所以校企"多元合作"有利于企业规避这种风险，一是校企多元合作符合企业人才培养的内在需求，提高了人才培养和人才招聘的针对性，有效规避了人才供求脱节的现象；二是校企多元合作有助于提高人才对企业文化的认知度，提高对合作企业的"忠诚度"；三是校园文化和多家企业文化的无缝对接，有助于缩短学生进入企业角色转变的过渡期，尽快适应企业文化环境和工作岗位要求。四是校企"多元合作"的"双导师"联合培养制度，有助于学生与企业管理者之间的沟通交流，特别是被校外导师单位录用的学生，这一效果更加明显。

所谓学生的“就业风险”，是指学生在激烈的就业竞争中，就业的盲目性和就业岗位的不适应性而造成就业的“不稳定性”，乃至近年来出现的“毕业就失业”“就业就跳槽”的结构性失业现象。究其原因与学生的知识结构、能力素质有直接关系。校企“多元合作”的办学模式，一定程度上规避了学生的“就业风险”。一是人才培养目标合理定位，直接面向社会多单位多领域对“复合型”“应用型”人才的需求；二是课程体系、授课内容的调整与社会和用人单位的需求对接，突出了学生能力素质的培养，提高了所学知识的针对性；三是“双导师”队伍的建立，增加了多个用人单位的市场信息，提供了学生实践能力锻炼和熟悉企业文化的机会，减少了企业招聘用人、学生择业就业的盲目性，天津商业大学金融学专业之所以有比较高的高端就业率，不能不说“多元合作”模式是一项有意义的尝试，它有利于规避学生的就业风险。

二、“多元合作”强化了办学特色

办学特色是高校注重自身条件、强化自身优势、坚持差异性办学，以求得自身更大发展的一种办学战略、办学思路和办学行为选择。国家相关文件中明确提出，要“引导高校合理定位，克服同质化倾向，形成各自的办学理念和风格，在不同层次、不同领域办出特色，争创一流”。这是国家战略性文件中首次明确提出高校特色办学。

坚持办学特色，必须正确处理“办学特色”与“办学质量”的关系。特色是手段，是路径，质量才是目的。以应用型人才培养为特色的高校，选择“多元合作”校企联合培养人才的模式，目的在于提高办学质量、提高人才水平、提高市场竞争力。实践证明这是一项成功之举，从而奠定了学校、企业、学生发展的市场空间。

当然，坚持特色办学必须因校而异。任何一所高校的生存和发展都受历史和现实、客观和主观各种因素的影响和制约，因此，高校的条件、历史都是不一样的。许多名校，其鲜明特色的形成是长期办学传统的积淀，在一定意义上，这些办学特色是办学者们在追求提升办学质量的过程中凝练形成并传承坚持优秀办学理念、形成优秀办学传统的“副产品”——办学者们未必刻意追求办学特色，但在长期办学过程中形成了办学特色。所以，办学特色的形成，要注重优秀办学传统的继承，也要大力提倡敢为天下先的精神。

学校应根据自身条件，科学定位人才培养目标，坚持差异化发展战略，探索一条有时代特色的“校企合作”办学之路。固然，“校企合作”培养应用型研究生，不少高校在这方面也进行了有益探索，并取得了一定的经验。但具体做法却各有不同，专业设置各具特色。

三、“多元合作”促进了机制建设

（一）双赢互利的利益机制

企业和高校都是利益主体。企业的根本目标是盈利，盈利的主要因素之一是人才。学校的根本目标是育人，是提高学生的就业率和社会影响力。现阶段，我国企业虽然面临着高级人才短缺的困境，但是，一方面，企业能轻松招聘到人才的现实抑制了他们对校企合作培养人才的热情；另一方面，企业对合作育人的积极性发挥的前提条件，是他们能否从合作项目中得到比市场招聘人才更受益。因此，学校要从“企业用人”和“市场用人”出发，一是适时调整专业设置和课程体系；二是改革理论教学和实践教学计划，调整实践教学方法；三是为企业输送优秀毕业生。毕业生优先让合作企业选择，进入毕业实习阶段的学生可以根据企业需要和毕业生意愿，适当延长实习时间，“毕业论文”和“专业研究报告”均可在实习企业结合实习问题选题，并在企业导师指导下完成。实习结束，可以直接签订就业协议。企业在校企合作中获得所需人才，降低了人力资本和投资风险，提高了人才选人育人效益，也产生了长期合作的热情和动力。

（二）规范有序的约束机制

确保校企合作健康发展，需要规范有序的约束机制。校企合作，虽然有不同程度的存在某企业或某企业领导人对合作学校的感情因素，但作为一种育人的组织行为，双方需要受到法律、制度和道德的约束。法律约束一般通过合作初期签订合作协议，明确校企双方的合作义务、权利和责任；道德约束一般是共同商定双方的道德规范，明确规定学校遵守企业利益的道德要求，要自觉遵守企业纪律，维护企业利益和企业形象；明确规定学生对实习企业岗位职责和道德规范的要求。同时，也明确规定企业对学校荣誉形象、对学生权益维护的责任和道德要求。

（三）诚信互敬的情感维系机制

校企合作过程，不仅是一个合作育人过程，也是一个学校与企业、学校与学生、学生与企业之间诚信、互敬的情感沟通、维系的过程。构建情感维系机制，有助于校企合作在法律制度框架下，以诚信为基础，以互尊互敬为纽带，建立和维系校企合作健康发展的情感基础。为此，一是加强校企双方信息沟通的平台建设，通过网络、通信等渠道加强交流；二是通过定期或不定期的互访、研讨等形式，不仅有助于对教育教学模式、内容、效果的跟踪调查，也有助于加深了解，增加友谊；三是通过毕业生回访，了解用人单位对毕业生及合作项目的意见要求，不断调整培训方案，提高人才培养的针对性。通过毕业生回校介绍经验，增加学生的成就感和对合作项目的认知度，从而为校企合作模式的健康发展奠定人脉基础，提高社会影响力。

（四）"多元合作"助推了教学质量提高

"校企合作"的办学模式，给人们的第一印象是学生的实践能力强，适应岗位需求快，深得学校、企业、学生认可。但是，学校的教育质量、学生的理论知识水平怎样，却有不同的意见。甚至有人对"校企合作"模式是否符合本科人才特别是研究生人才的培养提出质疑。集中一点是对人才质量特别是人才的理论水平和发展潜力提出质疑。问题的关键是如何评价新时期高等教育的质量和学生水平。

总之，"校企合作"培养高级应用型人才，是对高等教育模式的有益探索。

第十四章　校企合作培养高端应用型人才模式探索

第一节　影响校企合作培养高端应用型人才模式的因素

从“校办企业”到“企业办校”，再到“专业共建”和“政府推动”，伴随我国转型经济体制的发展，校企合作培养高端应用人才经历了相当长一段时期的模式初探阶段。目前，应用型大学已成为国家培养创新精神和实践能力的主要承担者，负责高端应用型人才的专业化培育任务。加强实践性教学已成为应用型大学培养专业人才的主要战略措施，对应用型大学的发展起着决定性意义。同时，高校应积极推动校企合作人才培养模式的战略进程，为社会培育合格的具备综合素质的人才资源，通过构建教育教学改革的长效机制来实现“育人”目标。为了满足当前经济社会对高端应用型人才的培养要求，借鉴国内外校企合作培养应用型人才的已有经验。

一、校企合作双方认知存在差异

在进行校企合作时，企业与学校之间也存在矛盾。校企合作本应是一种有利于我国人力资源发展的新模式，但可能因合作双方的认知存在差异而使得合作双方之间出现矛盾。有很多企业不愿意进行校企合作，认为校企合作需要前期投入太高的成本，且收益无法预期。这些企业认为，即使不进行校企合作企业也可以获得所需的人才。这是企业合作积极性不高的主要原因。对于学校而言，渴望能够改变校企合作的固有模式，为社会培养出更多能够迅速适应社会所需的人才。此外，合作办学培养高端应用型人才理应以培养人才为目标，但一些学校把这视为创收的门路，忽略了合作办学的根本。企业与学校对合作办学存在认知错误或差异时，就可能影响合作的进行。合作中的事项可能被终止，合作过的双方可能无法持续进行。政府应着力向企业和学校宣传合作办学的宗旨，使二者对合作办学培养高层次应用型人才都有清晰的认知，使这项利于解决我国人力资源问题的事业得以进行下去。

企业对校企合作的认知通常包括三个方面：一是校企合作有助于提升企业的

社会形象；二是校企合作有助于为企业招聘到适合岗位所需的人才；三是校企合作能够使企业的固有知识得到更新。这三种有利于企业发展的因素促成了企业接受学校与其进行合作培养人才，否则不会有企业愿意无偿地花费时间和精力投入到校企合作的各项事务中。但是，这三个因素都存在替代因素，也就是说企业能够通过其他形式实现这三种因素给企业带来的效果。企业社会形象的提升可以通过捐助各种慈善事业，制造高品质的低价格产品等形式实现；企业采用广泛的招聘形式也能招到适合岗位所需的人才；企业可以通过聘请专家通过讲座的形式改善企业的固有知识结构。这些替代因素的存在使得企业在进行校企合作时常将校企合作视为成本，而非投入。企业通常会思考校企合作形式是否比其他形式的活动更有利于企业的发展，企业通过校企合作的形式成本是否会过高。校企合作招聘人才投资大、时间长，在市场经济运作下的劳动力市场显示社会型招聘要比校企合作招聘人才更经济、更实用。对于企业而言，校企合作更新知识结构能否实现要看校企合作进行的效果，企业对这种充满模糊与不确定性的知识革新方式有时并不看好。

学校在与企业合作时很难发觉企业与其合作存在这么多的顾虑，学校通常都是满怀激情为着双方互惠的设想积极进行。学校通常认为，校企合作不仅有利于培养社会型人才，更有利于改变学校固有的人才培养模式。以往的教学模式多以培养普适性人才为主，是非专职型培养。这种方式培养的人才在进入社会后需要首先经历磨合期，在适应了社会环境成功实现身份转换后才能适应企业的岗位。毕竟，从学校走入社会，从一个学习了十余载的环境进入一个完全没有进入过的环境还是需要一个适应过程的。学校认为，校企合作的方式可以缩短学生毕业后适应社会的时长，校企合作能够提前教会学生如何适应社会、如何在入职后做好本职工作。学校通常将当前经济发展中紧缺的专业型人才作为培养的主要目标，认为只有校企合作模式才能实现专业型人才培养的目标。学校对于社会对某专业型人才的需求量、需求标准、需求预期等都缺乏有效的认知，对于该如何与企业合作培养这样的专业型人才也处于试探性状态，没有清晰的认知和明确的培养方案。

合作办学是一种培养高端应用型人才的有效模式，但校企合作双方对该模式的认知差异是阻碍校企合作顺利进行的一大致因，双方应该首先着力解决这一问题。企业应将校企合作视为人才培养的一个投资过程，大学是我国向社会“供应”人力资源的主要结构，与大学合作培养高端应用型人才对企业的长远发展一定能够产生巨大的影响。学校应对校企合作培养高端应用型人才的模式做深入探索，多调研、多论证、多总结，力争把校企合作培养人才的业务流程熟练掌握。政府在此过程中应起到桥梁的作用，一方面鼓励企业对一些特定职位进行就近选择大学合作培养，对于参与合作办学的企业应给予一些鼓励性的政策支持；另一方面，政府也应监督学校与企业的合作，不应该一味地为了合作而合作，不注重合作办学人才培养的效果。对于参与校企合作培养人才的学校或专业应进行定期审核、中期考核，没有达到合作预期标准的应给予相应处罚或终止其合作办学资格；对于高标准完成培养目标的学校可以适当扩大其合作办学的规模，并提供相应的奖励性政策支持。

合作办学只有成功培养出一批又一批的高端应用型人才，这项事业才能顺利发展下去。否则只能是昙花一现，浪费资源。政府在合作办学双方认知差异中起着重要的调和作用，政府既要鼓励企业与大学合作办学培养人才，又要监督二者合作培养的效果。有监管、有奖惩的合作办学才能持续进行下去，否则办好办坏无人问津、办成办不成无人管辖，势必造成你争我抢、资源浪费的局面。由政府作为合作办学的保障体，企业才有动力和意愿与大学合作培养人才，学校才能够切实将合作办学作为一项重要的事业来做。

二、校企合作双方关系不够牢固

当前，学校与企业间构筑起合作的意向通常源自各种人情关系，显然这种靠感情和人脉建立合作的规范性很低，无法经受市场经济的冲击。一旦建立起合作的当事人之间出现小利益纠纷，很可能使校企合作这个大项目被搁置，最终不得不流产或终止。在大学，为了培育出高端的应用型人才，负责人会利用各种关系寻找合作对象。一旦找到愿意合作的企业，可能还没有进行前期调研就会准备签署合作协议。因此，企业是否适合作为合作对象进行合作，学校应该在前期进行大量的调研工作，论证后再进行合作，而不应该依赖于人情关系随机选择。

缺乏有效的法律和制度约束，校企合作中的任何一方都可能随时终止合作给对方带来高风险，而基于人情关系构筑企业的校企合作意向更加重了这种风险性。学校终止合作对企业的风险更大，因为企业不会得到任何好处；企业终止合作对学校也存在风险，学校正在进行的各项措施的改革将不得不终止下来重新进行。鉴于校企合作的关系通常不够牢固，合作双方在合作前应进行认真调研。调研工作做得越充分，合作双方对彼此的了解也会越透彻，构筑的关系也会越牢固，才能有效规避存在的风险。

三、校企合作双方均存在无法规避的风险

由于没有相应的法规、制度支撑校企合作培养高端应用型人才的模式，合作双方都可能随时给对方带来无法规避的风险。对学校而言，校企合作得以进行势必需要对师资队伍建设、专业知识、教学模式等事项进行改革，而这一系列的改革通常都会朝向利于当前合作的方式进行。师资队伍建设可能更倾向于利于合作企业日后吸纳人才的方式进行，而在教授学生时更多地是以当前企业为案例进行教学。专业知识的学习也会倾向于定位当前企业所需的知识层面，教授与当前企业密切相关的理论知识。教学模式的改革也会以利于学生融入当前企业发展的方式进行，教师、学生与企业间通过形成互动体的方式进行教学。这一系列的改革，学校需要耗费大量的人力、物力和财力才能完成。然而，一旦企业单方退出合作，所形成的一系列的固有资源和模式能否适应下一个合作目标，对学校而言将是一个未知数。

同样，对于企业而言，学校的突然退出，也会给其带来极大的风险。企业为了与学校合作，需要派遣人员进驻学校、需要接纳学生进行实习、需要协助学校进行各项改革、需要洽谈企业文化与教学模式和内容的融合，这些事项会给企业带来很多成本，包括机会成本。一旦学校单方面毁约，企业可谓是前功尽弃。企业再想与其他学校合作，就需要重新进行新一轮的人员、时间和物力的投入。校企合作失败带来的风险对企业而言可能远大于学校，学校在校企合作中接收到了新的合作理念、新的专业知识，并为之进行了很多事项的改革、建设了师资队伍、培养了人才。但是，企业在合作中除了付出成本外，几乎没什么成效可言。企业受益通常在合作成功，“订单式”培养的人才很好地融入企业为企业发展做出卓越贡献时才能被实现。显然，企业与大学相比，更不希望合作半途而废，这可能也是企业合作积极性不高的所在。

此外，对于企业来说还存在着人才流失的风险。在进行校企合作时，企业需要付出大量的成本才能获得“订单式”培养人才的优先选择权。然而，一旦合作培养的人才在企业中的需求无法被满足时，就可能存在人才流失风险。人才的流失也预示着企业在合作中失败，但对大学而言已经完成了人才培养的过程，对学生在企业中是否跳槽已不再关心。

第二节　进一步完善校企合作培养高端应用型人才的模式

当前，我国处于转型经济期，各行各业都需要高端应用型人才积极参与进企

业与社会的发展工作之中。然而,校企合作这种培养高端应用型人才的新模式仍处于探索阶段,还有很多地方有待完善才能使得学校与企业妥善合作、实现高端应用型人才培养的目标。在校企合作培养高端应用型人才时,学校通常缺乏长期规划,企业合作的积极性也不是很高。这两个方面影响着校企合作培养高端应用型人才的效果,下面对这两个方面做深入解析。

一、完善学校的长期规划

学校在参与校企合作培养高端应用型人才时,因固有的教学模式根深蒂固,因此在合作办学时会表现出很多无法适应合作办学的特征。这些特征包括四个方面:一是师资队伍建设不能很好地适应校企合作培养人才的模式;二是学校在合作办学培养人才时处于劣势地位;三是固有的教学模式及内容不适应学生综合能力的培养;四是学校在合作办学前的市场调研工作通常不够充分。学校在进行长期规划时,应考虑这些影响校企合作办学模式成功的因素,不断完善校企合作培养高端应用型人才的体制。

(一)师资队伍建设不适应校企合作模式

当前,高校教师队伍的建设多以培养普适性人才为主,很少涉及专业人才的培养。同时,教师与教师之间也缺少沟通和联系,无法形成团队培养的模式。高端应用型人才指的是能够适应当前社会发展的需要,将其所学的先进知识灵活应用于社会实践或工作岗位中的综合能力较强的人才。这种人才的培养不是某一位教师或几位教师独立授课所能实现的,而是需要教师组成培养团队,以共同目标为导向,在协作中培养人才。

鉴于目前高校在师资队伍建设方面存在的问题,很多高校试图通过外聘专家的形式培养人才。显然,这既是一种个体发挥才能培养人才的模式,也是一种不注重团队协作培养人才的模式。对学生培养的结果也只能使其掌握单项技能,难以获取综合素质的提升。当外部环境发生变化,非专家所言的环境条件时,学生就不知道该如何面对和解决遇到的难题。

师资队伍的建设,除了培养出掌握企业所需的最新知识的教师外,还应注重以团队协作的形式培养,避免“各自为政”。在培养高端应用型人才时,尤其是在对高层次人才培养时,学校应设立有效的监督机制,避免形成个人学术小团体。目前,大学人才流失问题有了一定的倾向性。个人学术团体的培育,如果流失的话无疑对学校产生的不良后果将非常严重。如果在师资队伍建设时,以师资团队的培养为导向,以实现师资队伍的可持续发展为目标,并设立独立的机构监督培养过程和经费的使用,即便出现某个带头人流失问题或个别几个拔尖人才流失,依然可以从后备师资梯队中得到有生力量迅速弥补师资空缺,从而不至于对学科发展产生“毁灭性”打击。而且,某些个体离开有团队培育机制保障的习惯性团队后,到了新的单位可能无法有效发挥自己的原有才能。

(二)学校在合作中处于劣势地位

在校企合作中,学校通常处于劣势地位,原因主要是学校对企业的期望与企业对学校的期望相比无法对等造成的。当前,学校为了培养出适合当前经济形势发展的人才,通常希望借助企业之力将学生与社会就业的关系拉近。多数学校都是走出去寻求企业的合作,企业通常碍于一些熟人关系的面子而勉强同意进行合作。在具体合作过程中,企业一方面希望能够得到自己仅需的人才;另一方面希望能够从大学发现新的理念以革新自己的管理制度或技术。然而,在进行合作后,企业通常会发现进行合作式培养人才,额外成本和机会成本太高,没有直接从市场招聘人才省时省力。尽管新入职人员可能比合作培养的员工融入企业的速度稍慢,但新入职人员岗前培训付出的成本与企业在校企合作中付出的成本相比要低得多。这是很多企业不愿意进行校企合作的主要原因之一。鉴于此,大学在校企合作中多处于劣势地位,企业则无法从跟学校的合作中找到足够的动力。

除了注重自身理论知识水平的提升外,学校应该注重品牌专业的发展。也就是说,学校不应该进行过于广泛的校企合作,而应该进行精英式的发展模式。一项成功的合作能够带来更多的社会资源;而一次失败的合作会给再次合作带来重重障碍,甚至会给本来合作顺利的项目带来负面影响。在具体操作时,学校应设立独立的校企合作部门对进行合作的相关专业进行宏观指导,而不应该由各专业与企业独立进行合作。校企合作是整个学校的一项事业,而不是个别专业的事业,应由学校统一规划进行,不应该由个别专业独立操作。在进行合作前,应进行可行性分析和论证,不应盲目进行。这样就可以避免较高的合作失败率。以精英式发展为导向,以开发特色专业、优势性专业为目标,学校才能形成自己的核心竞争力,在与企业合作时才能避免处于劣势地位。

(三)固有的教学模式不利于学生综合能力的培养

当前大学的教学模式多以学科知识体系为基础进行专业设置和课程体系的

设定，这些知识体系在当下的企业中是否实用常无法有效检验。甚至有的课程还在教授十多年前的固有知识，这将非常不利于学生综合能力的培养。教学目标通常有两种：一种是培养具备学术研究潜质的高素质人才，一种是培养当前社会发展紧缺的实践型人才。无论何种目标，教学模式不改革，坚守与时代发展不符的旧有知识体系将无法实现两大教学目标。校企合作作为注重培养实践型人才的一种有效模式，在大学应该引起足够的重视。但是，好的培养模式不应该被个体或一些个体的利益所驱动，作为培育校企合作型人才的主体——教师应该走出校门。只有教师首先知道企业需要什么人才、需要具备什么样知识水平的人才时，才能为企业乃至社会培养出高端应用型人才。

以固有的教学模式培养新形势下的高端应用型人才，结果必然是耗时耗力，效果甚微。只有基于企业或社会发展的现状所需，重新设置更为合理的课程体系与知识体系才能教授出适合企业或社会发展的人才。进行校企合作，除了注重师资队伍建设和核心竞争力培育外，还应进行教学模式的改革。在新的教学模式下培养学生，学生将更能适应企业和社会所需，在进入企业或社会后也能以更快的速度融入工作岗位中。教学模式的改革是校企合作的表征，既是对合作者企业的承诺，也是对培养对象大学生的承诺。

（四）学校在合作办学前的市场调研工作不够充分

与任何一家企业进行合作办学，都应该首先深入到企业中进行调研和论证。一方面检验自身的专业体系设置是否能够培育出企业所需的人才；另一方面检验企业所需的知识体系是否有利于本专业的长期发展。对此，校企合作中的短期行为问题是影响合作成败的关键，合作办学前充分的市场调研可以有效规避这种失败的风险。校企合作的短期行为是指学校与企业为了实现各自的短期目标而采取的一种短期合作行为，以实现近期目标为主导，不太重视长远目标的实现。在校企合作的这种短期行为中，会因合作双方的价值倾向不同而产生一些问题。这些问题的存在会有损校企合作双方在实现彼此目标时的效益，应对这些问题做深入调研和分析。

对企业而言，以追求利润为导向，希望在校企合作中得到紧缺的人力资源；对学校而言，以发展优势性专业为导向，希望在校企合作中找到人才培养的方向。二者的合作目的通常难以耦合，主要原因就在于短期行为问题的存在，尤其是对企业而言。很多企业并不希望与大学进行长时期的合作，如果企业能够在一次合作中得到知识体系和技术的提升，就不会再花更大的成本进行进一步的合作。学校为了合作而进行的一系列教师资源、课程资源、知识资源的改革将有可能无法适应下一位合作者的需求，而不得不进行再次改革。这种短期行为对大学而言是致命的。因此，合作办学前充分的市场调研工作是必须进行的首要工作，应对企业能否与自己进行长期合作，合作培养人才的方向是否具备可持续性，知识体系是否过于专有性等事项进行充分的论证。

二、提升企业合作的积极性

企业参与校企合作培养高端应用型人才的动力源自能否从校企合作中获得利益，为企业的发展带来促进作用。目前来看，企业参与校企合作培养高端应用型人才能否获得相应的税收减免或财政补贴优惠，国家并没有设置明确的制度；企业能否从校企合作培养高端应用型人才的过程中实现知识更新与技术创新的目标，对企业而言也显得不确定。这些因素的存在使得企业参与校企合作培养高端应用型人才的积极性被遏制。此外，合作办学还给企业带来了人力资源成本、企业无法规避人才流失风险、企业将合作办学视为公益性事业，这三个方面也在影响着企业参与合作办学培养高端应用型人才的积极性。找到影响企业参与校企合作培养高端应用型人才积极性不高的致因，就能有针对性地采取某些激励措施激发企业对校企合作培养高端应用型人才模式的认可。

(一)合作办学增加了企业的人力资源成本

就短期来看，企业在合作办学中需要投入各种成本，且后续能否收益存在很大的不确定性，而企业最终除了能够挑选优秀的毕业生资源外，其他方面的受益并不多。这是企业与学校合作培养人才的积极性不高的主要原因之一。

为了在激烈的市场竞争中存活下来，企业必须不断地创造理论以支撑企业的发展。因投资规模、技术水平、人才潜质以及管理能力的不同，企业在竞争时要么采取具有攻击性的差异化产品战略，要么采用追随型的模仿创新战略，要么采用规避竞争型的低成本战略。无论采取何种战略，企业的目标都是盈利(即创造高于投入成本的利润)。然而，人力资源不同于物质资源，人力资源价值创造效用的发挥需要企业首先投入，而且预期效果也存在模糊和不确定性。比如，企业通过招聘、新员工入职培训、岗位适应性培训等项目使某空缺岗位有了人员的补充，而在新员工入职的每一个环节企业都必须首先投入成本。再比如，企业耗费大量人力、物力和财力在某部门培育出了一位独当一面的精英型人才，一旦企业不能满足这位人才的需求时，他（或她）就可能被其他公司挖走，这对于企业来说有可能是致命的打击。

其实，在企业中与人力资源相关的成本每天都在发生着，而且多数以隐性形式存在。比如，老员工在带新员工时耗费的机会成本，不同部门的员工在跨部门交涉时产生的不信任成本。鉴于人力资源通常是企业隐性成本的源头，所以多数企业在处理人力资源问题时，通常都很谨慎，都会设法规避因人力资源而产生的各种成本。校企合作必然会给企业带来隐性成本，这种成本比企业正常业务形成的成本更具模糊性和难以预测性。

在校企合作的过程中，企业需要派遣专门的人员与学校就合作办学事宜进行协商和监管，后续还要抽调专业人才协助学校销售学生们的专业知识，这些都会给企业带来各种成本。这显然有悖企业以盈利为目的的现实理念。

当然，就长期而言，企业可能会受益。在合作办学过程中，企业可以更多地将自身企业的文化理念融入课堂之中，也可以将不同岗位对人才需求的标准在课堂进行讲授，这些可以为企业节省人才招聘、培训与适应企业氛围等成本。大学生或研究生往往都是一张白纸，当企业在这张白纸勾勒出属于自己企业的各种符号后，这张白纸势必会向着企业行进的方向发展，而且会比其他类型的员工表现出更高的忠诚度。企业可以基于这些骨干力量推行改革措施、实施创新战略、融入文化理念。

（二）企业无法规避合作办学中存在的人才流失风险

劳动力市场竞争自由化，也决定了企业无法规避人才流失风险。与企业相比，合作办学对于学生的意义显然要高于企业。当企业通过合作办学花费大量成本培育出了属于自己的精英型人才时，一旦该人才离职，企业可能需要花费更多的成本才能弥补由此造成的损失。企业为社会的人才培养事业花费了大量人力、物力和财力，但由此形成的人才流失成本当前却没有部门会帮助企业规避或替代企业承担。这在很大程度上也影响着企业对合作办学的积极性。

（三）企业将合作办学视为公益性事业

校企合作带有一定的公益性，而政府又没有相应的法律和鼓励政策给予支撑，这使得企业很难主动去从事这样的事业。当前，市场竞争环境越来越激烈，多数企业都在忙于应对各种风险，设法击败对手使自己存活下来。企业可以通过招录实习生的方式挑选人才，对于需要提前付出大量成本才能挑选毕业生，并存在人才流失风险的合作办学方式，往往企业合作的积极性并不高。

企业参与校企合作培养高层次人才的目的包括两个方面：一是履行现代企业的社会责任；二是成为产学研及校企合作的第一受益者。企业的存在既要通过参与市场竞争的方式创造利润、解决就业问题，又要通过与非利润部门合作的形式为国家解决一些社会性问题。高层次应用型人才的培养由大学发起，但需要企业与大学进行合作才能实现最终的培养目标，企业参与此项事业属于履行社会责任。在责任之外，企业也可在参与合作培养人才的事业中获得好处，包括直接利益和补偿性利益。直接利益是指企业可以实现人才的订单式培养和招录，并在人才选拔时具有优先选择权。此外，企业还可获得补偿利益。补偿利益是指企业参与校企合作培养人才时在新产品的开发、技术改造、人员培训和科技咨询等方面得到来自高校的支持，这种知识、技术的交互更新是企业不断完善自我、创新发展的源泉。

当前，校企合作完全属于“民间形式”，国家没有制订相应的法律法规支持校企合作培育高端应用型人才。比如，校企合作双方的行为规范、校企合作中双方如何积极主动参与、校企合作税收优惠政策、校企合作形成的人才流失风险保障措施等。这些因素是支撑校企合作培育高层次人才的有力保障，政府应该对之进行立法，为校企双方提供一个良好的利于进行合作的平台和大环境。

第三节　校企合作培养高端应用型人才模式对策建议

一、资源依赖是校企合作的基础

（一）资源依赖理论与校企合作

资源依赖理论假设没有任何一个组织是自给自足的，所有组织都必须为了生存而与周边环境进行资源交换，进而对外部环境中的资源形成依赖。一个组织对另一个组织的依赖与这个组织对它所依赖的那个组织能够提供的资源或服务量成正比，而与可替代的其他组织提供相同的资源或服务的能力成反比。组织作为一个开放的系统，无法通过自给自足所有资源得以生存和发展。依据资源依赖理论，校企合作的基础是高校与企业之间对资源的相互依赖，在形成依赖时二者间是否具有对等性是校企合作能否持续进行的关键所在。

(二)高校在校企合作时应做的制度化调整

为了激发企业参与校企合作的动力,高校应注重加强自身建设,不断提高教学、科研和服务水平,进而提升高校在校企合作中资源的互补能力。在与企业合作时,高校至少应在以下五个方面做相应调整。第一,根据企业用人所需调整实践教学计划;第二,利用职业技能综合培训基地为企业提供职工培训和技能鉴定;第三,利用学校的科研机构为企业进行技术研发和服务;第四,派出骨干教师为企业提供技术服务;第五,与企业合作进行技术攻关。同时,还应采用建章立制的办法解决校企合作双方的约束性问题,应从以下三个方面健全组织机构基础上不断完善技术性制度:第一,成立校企合作委员会;第二,成立校企合作办公室;第三,成立专业指导委员会。

(三)企业参与校企合作的动力源

对企业而言,当面临自身难以克服的困难时,就会试图通过资源交换的合作方式来解决问题。如果合作双方拥有的异质性资源正好能够相互协调并满足对方需求的话,双方的合作绩效会较高。潜在吸收能力强的企业会倾向于以一种更加正式的合作模式来进行校企合作。校企合作的最终目的是利用高校的创新资源与企业合作,开发出新产品以满足不断变化的市场需求。在校企合作中,企业是知识受体,实际吸收能力越强,则对高校转移知识的理解也就越深刻,从而黏滞知识转移的程度也就越高。校企合作过程从一定意义上来讲是一个知识转移的过程。如果通过合作,高校的知识顺利地转移到了企业,校企合作绩效就高。如果企业没有掌握高校的知识,事事都离不开高校,校企合作的绩效就低。

二、破解主要矛盾、推进校企合作培养高端应用型人才

深化高端应用型人才培养合作的模式,建立良好的校企合作机制,就必须面对和解决校企双方利益均衡博弈中可能存在的突出矛盾。

(一)普通高校与企业合作培养高端应用型人才时的差异性属性

高等学校与企业在合作培养高端应用型人才时存在阶段性,但在此过程中二

者的基本属性变化不会太大。高校的根本任务仍然是向社会提供优秀的人力资源，为社会培养出有创新精神及实践能力的高级专门人才，满足社会经济发展对人才资源的“渴求”。当企业从事生产、销售及服务等经营性活动时，满足了社会大众对产品或服务的需求。企业是一个自主经营、独立核算，并依法设立的以盈利为目的的经济组织。企业在出现人才空缺时，要么通过人才市场引入，要么自己培养和跨部门配置。不难想象，企业参与人才培养的驱动力来源于需求和经济预算。我国教育部在推进高端应用型人才的培养模式改革时，所实施的很多人才培养项目均鼓励高等学校与企业合作培养高端应用型人才。然而，企业作为市场竞争的主体，人力资源是其参与市场竞争获取持续竞争优势的主要源泉。企业只有掌握了关键性的人才资源才可能在激烈的市场竞争中得以生存和发展。尽管普通高校与企业合作培养高端应用型人才时的属性存在差异性，但人才培养的结果对二者确实是共赢的。因为，人才培养和企业实际需求阶段性脱节的矛盾已成为企业竞争和发展进程中的一个无法逾越的“短板”，人力资源的竞争和需求成为企业主动参与人才培养的动力源，也成为校企双方在人才培养时能够合作并获取长远发展的基础。

（二）地方高校与企业在合作培养人才中的主要矛盾

目前，地方高校与企业在合作培养人才时面临的主要问题是，高等学校在开放性办学过程中与企业合作时存在着体制机制上的约束，尤其是合作过程中经济化还是去经济化。这种矛盾在地方性高校与企业合作中表现得尤为明显，且区域性差异和资金投入的不足更加深了这种矛盾的激化。地方性高校具有自身的行业背景，即在人才培养定位中通常会定位于特定类型的高端人才培养，因为高校只可能在某些行业人才培养方面存在优势。企业对人才的需求随产品市场而变，与高校相比对外部市场环境信号的反应更灵敏和及时。当地方高校与企业合作培养高端应用型人才的体制性作用因市场变化而不得不解除时，再继续进行校企合作势必面临很多困难和矛盾，而进行跨区域性的校企合作和拓展，几乎成为不可能。因为，此时的体制性约束将更加明显，校企双方合作也会更加困难。而且，高等学校在参与高端应用型人才合作培养时，经费投入巨大，如果地方性高等学校经费投入不足，在市场机制作用下企业会因经济利益而解除与高校的合作关系。对高校而言，以建立实习、培训基地的形式维持校企合作的方式可能会因实习基地需要经常性地调整而变得极不稳定。实习基地若没有相应的体制和机制约束，将很难在人才培养过程中将合作理念深化下去。对企业而言，为了解决临时性人力资源短缺或者为了降低劳动力成本，可能会同意接收一定比例或数量的在校学生进厂实习。但让企业配合高校参与到人才培养的改革中,并须全程与企业保持密切关系,企业主观上的积极性可能不会很高。此时,学校也面临着经费投入的压力,企业这种临时性的合作行为缺乏主动性和长效激励机制。校企合作进程中的这些矛盾不解决,我国高等教育校企合作培养高端应用型人才模式的改革就难以推进。

三、实施财政支持政策是校企合作的外部保障

(一)政府对高校校企合作实施财政支持政策时存在的一些问题

政府是校企合作双方合作关系得以发生的坚实后盾,为二者合作提供制度保障,发挥宏观调控功能。政府应通过实施促进教育改革和发展的财政性政策来支持校企合作的深入进行和发展。但是,由于校企合作培养高端应用型人才的内容多、参与者多、过程复杂、利益冲突严重,使得财政性政策在实施时可能会出现一些问题。首先,多数财政性政策属倡导性文件,可操作性不高。此时的财政性支持政策缺乏法律强制约束力,使得大多数政策仅停留在鼓励企业参与到校企合作的意识形态层面,无法进入到企业的责任和义务层面。而且,由于政策文件对企业责任和义务的规定不够明晰,致使很多企业为了暂时利益可能与政府打政策擦边球,没有实质性地参与到校企合作培养高层次人才的计划中来。其次,财政性政策的激励程度往往不高。因为,在校企合作的过程中,企业与学校是两个独立的直接利益相关人。对学校而言,想通过合作来利用企业的先进技术和设备锻炼学生的实践能力,进而提高学生的综合素质和扩展学生的知识面。同时,提升学校的就业率、办学质量及知名度。对企业而言,则是想通过利用学生资源,一方面为企业创造效益;另一方面为企业储备人才和知识。此时,政府应发挥宏观调控作用,给予校企双方财政上的支持,通过财政政策激励校企合作双方参与合作的意识。最后,政府的财政性政策往往缺乏监督力度。由教育部门出台的校企合作政策和文件,缺乏强制性和约束力。此刻,企业很难认识到自身的法律责任,从而不会积极参与校企合作,因为义务感、紧迫感过低。此外,财政性政策只是单纯地提出了对企业有哪些鼓励性政策,很少涉及如何惩罚的问题。即,当有企业抵制校企合作时,政府没有相应的政策文件来对其进行监督和惩罚。因此,政府在实施财政性政策时,应将校企合作的分管责任明确化,使监督部分对校企合作双方都能做到有效监督、激励和惩罚,这样才能调动校企双方合作的规范性和积极性。

(二)国外发达国家在高校校企合作财政支持政策方面的经验

国外在校企合作问题上实施了一些财政性政策,给他们的企业带来了实惠,

也调动了企业参与校企合作培养高端应用型人才的积极性。下面对能够促进校企合作培养人才顺利进行的一些财政性措施做一简要介绍和说明。

德国的教育法律体系对于校企合作的相关问题是有具体法律条文规定和支持的。德国设立的“产业合作委员会”目的在于使校企合作的双方——“学校和企业”能够在第一时间相互监督控制,与此同时实施降低企业学校税收的政策。英国高校委员会通过为企业提供信息咨询服务,企业则每年划拨资金为高校购买设备,学校与企业之间的互利性互动使得大学和企业间的联系日益紧密。英国政府曾把对小型企业的税收减免用于研发资金的税收做法更改为税收信贷,规定了企业能为学校和学院兼职的职员申请减免税收。英国政府在税收方面给予校企合作双方的优惠非常大,这会大大激发双方合作的积极性。法国对企业参与校企合作也给予了一些税收优惠政策,对办学和接纳学生实习的企业减免培训税和学徒税。

国外政府针对校企合作培养高端应用型人才提出的财政支持政策包括财政拨款、法律督导和减免税收三个方面。通过财政拨款支持和激励校企合作的主动性;通过法律督导规范和约束校企合作的行为;通过减免税收保障校企合作的顺利进行。

(三)我国实施校企合作的财政政策和建议

首先,通过法规明确并细化对企业的税收优惠政策。通过颁布相关法律,对接收学生实习的企业给予税收减免,并对企业接受学生的数量、承担培训学生的费用等问题做出明确规定,给出相应的税收减免标准。可由人力资源和社会保障部、教育部、财政部、发改委等相关部门组成一个“产学合作委员会”,对企业提出相关的利益权利优惠政策,比如免税和奖金等。对校企合作进行立法可以为高校长期和企业进行互利合作提供法律保障,更能最大限度地调动合作双方的积极性。其次,积极强化财政激励政策。随着教育投入的不断增加,国家在财政政策方面应给予校企合作一些激励性政策,政府应拓宽向参与校企合作的企业提供财政支持的渠道。当企业有机会得到实质性的合作收益时,就会主动积极地为学校提供合适的实习、实践基地。在校企合作过程中涉及学生和教师实习、实践费用时,国家应设立专门的财政专项拨款为校企合作顺利展开提供资金保障,努力不让学生实习成本成为阻碍学校和企业合作的挡路墙,为培养更多高素质的优秀人才提供资金支持。最后,加大对校企合作的监督力度。通过税务、企业监管等部门对学校、企业的监管记录,严格考量企业在校企合作中的责任表现。根据相应的指标数据决定对参与校企合作的企业是否减免税收、发放津贴、给予银行贷款等政策性优惠。

参考文献

[1]刘印房.地方本科高校校企协同创新机制构建研究[M].北京:科学技术文献出版社,2018.

[2]王秦.面向现代产业体系的校企协同技术技能积累机制实现路径研究[M].北京:北京交通大学出版社,2018.

[3]刘绍怀,李建宁,王建华.大学生思想政治教育工作的宏观视野与微观建构[M]//云南省高等学校思想政治教育研究会2017年成果选编.昆明:云南大学出版社,2018.

[4]刘素梅,杨宗元.钢筋混凝土结构基本原理 英文[M].武汉:武汉大学出版社,2018.

[5]刘红梅.新工科大数据人才培养模式研究[M].北京:中国农业大学出版社,2018.

[6]北京中科创大创业教育投资管理有限公司,中科招商投资管理集团股份有限公司,中关村中科创新创业教育基金.2017中国高校创新创业 教育发展蓝皮书[M].北京:冶金工业出版社,2018.

[7]高国华.智行校园 慧享学习 苏州市智慧校园示范校项目创建成果汇编[M].苏州:苏州大学出版社,2018.

[8]代祖良.创新校园文化的途径与方法[M].北京:光明日报出版社,2018.

[9]谷菲菲.高校大学生可持续发展能力培养途径研究[M].北京:经济日报出版社,2018.

[10]周孝德,樊建武,陈春林,等.西安科技大学校史 1958—2018[M].徐州:中国矿业大学出版社,2018.

[11]陈颖.华侨高等教育研究 第2辑 2018版[M].北京:中国国际广播出版社,2019.

[12]教育部高等学校实验教学指导委员会,熊宏齐.高等学校实验教学典型案例汇编[M].北京:高等教育出版社,2019.

[13]赵超.民办高等教育研究[M].天津:天津大学出版社,2019.